老いじたく死にじたく
安心ノート

野原すみれ

北辰堂出版

はじめに

このノートはあなたの今と明日を安らぎと幸せに導くものです。簡単な質問に答えていくうちに自分を知り、何が問題で、何が不安なのか浮かび上がってきます。
どこをどう補えば安心につながり、誰に何を頼んでおけば心配ごとが無くなるのか、冷静かつ客観的に準備が始められます。
人はこの世に生を受け、生き続け、やがて老い、病を得てあの世に旅立って行きます。
生きとし生けるものすべて、何人たりとも逃れることのできぬこの宿命を私たちは生きているのですから。
「まだ早い」と思っている今こそがチャンスです。いつ何事が起きてもたじろがぬように、あなたの今と明日をみつめて「安心ノート」に向き合いましょう。
このことこそが「明るい老後と長生き」のコツなのです。

野原すみれ

目次

はじめに

まずは軽く頭のトレーニング！

第一章 シニアライフスタート！

自遊時間、何がしたい？	20	老後のお金	32
よく行く場所はここですよ	22	インターネットを活用しよう	36
自分の健康状態を見極めよう	24	犯罪被害者にならないために	40
住んでる所はホントに安全？	28		

第二章 要介護者になっちゃった

再確認！あなたの近所のお医者さん	46	いと楽し福祉センター	62
介護が必要な状態って？	48	老人ホームあれこれ	66
老後を助けてくれる地域サービス	50	介護される者の心得	70
介護サービスを受けるために	58	認知症と向き合う	74

第三章 最後の花道を飾るために

全財産、どれだけある？	78	最後のラブレター・遺言書をつくろう	88
誰に何をあげようか	80	終末医療、尊厳死というもの	90
後見人を選ぼう	82	人生最後のセレモニー	92

第四章 つくってみよう！マイデータブック

私のプロフィール	98
私のおつきあい	99
すきなもの・きらいなもの・やりたいこと	100
かかりつけの病院　今後通院の可能性のある病院	102
自分が入院した際に連絡して欲しい人	103
現在までの病歴（病気・ケガ）・治療経過	104
見学に行った地域サービス	106
見学に行った福祉施設	108
生命保険・火災保険など、各種保険一覧　保険証・証明書保管について	110
金融資産の状況と保管について	111
月々の支払い・振り込み・引き落とし一覧	112
わたしの系図　預貯金以外の各資産について	113
家族・親戚の連絡先	114
死亡した際に知らせて欲しい大切な友人・知人	115
葬儀に向けて	116
葬儀用の写真を貼ろう	117

第五章 わたしが歩いた長い道

みつめてみよう、自分という人間。
まずは軽く頭のトレーニング！

高齢期を迎え、やがて来る終末期に備えて遺言書を書こうとしても、何をどう書いたらよいのかわからないのは誰しも同じでしょう。それは、何を遺言すればいいのかが全くまとまっていない上に、自分自身のことを理解しきれていないからです。
構想もなしに遺言書という名の「みんなに宛てた最後のラブレター」を書くことは到底不可能です。
そしてその壮大な手紙の構想は、まず自分自身を理解し、認識するところから生まれてきます。
では自分自身を知るにはどうしたら良いのか…この『老いじたく・死にじたく 安心ノート』では、簡単な質問に答えることで客観的な視点で自分を見ることの出来る『100の質問』をご用意いたしました。
あなたが今どんなことに興味があって、何に不安を感じているのか、『はい・いいえ』中心の質問に答えていくうちに、その輪郭が少しずつ見えてくるはずです。
軽い気持ちで答えてください。心理テストのつもりでやってみるのも面白いですね。

楽しいシニアライフを送るために、まず自分自身を見つめる準備を始めましょう。

最初にお名前を聞かせて下さい。

生年月日を教えて下さい。

血液型は？

出身地をお書き下さい。

現住所を郵便番号からお願いします。

緊急の時の連絡先は上記と違うところですか？

はい　　　いいえ

上記で「はい」と答えた方、緊急連絡先をお書き下さい。

配偶者はいますか？

はい　　　いいえ

子供はいますか？

はい　　　いいえ

同居人はいますか？

はい　　　いいえ

今飼っているペットはいますか？

はい　　　いいえ

新聞を読んでいますか？

はい　　　いいえ

毎日飲んでいる薬はありますか？

はい　　　いいえ

かかりつけの病院はありますか？

はい　　　いいえ

上の質問で「はい」と答えた方、その医院をお書き下さい。

長年わずらっている病気はありますか？

はい　　　いいえ

定期的な訪問看護を受けていますか？

はい　　　いいえ

今、行きたい所はありますか

はい　　　いいえ

美術館、博物館へはよく行きますか

はい　　　いいえ

お洒落は好きですか？

はい　　　いいえ

趣味のサークルに入っていますか？
- はい　　いいえ

現在働いていますか？
- はい　　いいえ

今の住まいに満足していますか？
- はい　　いいえ

家族に介護を必要とする人がいますか？
- はい　　いいえ

自炊をしていますか？
- はい　　いいえ

親戚は多いですか？
- はい　　いいえ

自分で料理するより作ってもらう方が好きですか
- はい　　いいえ

毎日睡眠はたっぷり取れていますか？
- はい　　いいえ

定期的に体を動かしていますか？
- はい　　いいえ

お酒は好きですか？
- はい　　いいえ

タバコを吸っていますか？

　　　　はい　　　　いいえ

毎日決まった時間に起きていますか？

　　　　はい　　　　いいえ

毎日決まった時間に寝ていますか？

　　　　はい　　　　いいえ

食事は毎日決まった時間に取っていますか？

　　　　はい　　　　いいえ

その日の行動を計画だてて進める方ですか

　　　　はい　　　　いいえ

よく飲む市販薬や健康食品はありますか？

　　　　はい　　　　いいえ

アレルギーはありますか？

　　　　はい　　　　いいえ

現在治療中の病気、怪我はありますか？

　　　　はい　　　　いいえ

生命保険などに入っていますか？

　　　　はい　　　　いいえ

火災保険に入っていますか？

　　　　はい　　　　いいえ

よく使う銀行はありますか？

　　　　はい　　　いいえ

集めている物はありますか？

　　　　はい　　　いいえ

衝動買いをして後悔するタイプですか

　　　　はい　　　いいえ

忘れられない思い出はありますか？

　　　　はい　　　いいえ

仲間を集めてやってみたいことはありますか？

　　　　はい　　　いいえ

大勢でいるより一人の方が好きですか

　　　　はい　　　いいえ

若い頃やってみたかった遊びはありますか？

　　　　はい　　　いいえ

毎日行く場所はありますか？

　　　　はい　　　いいえ

近所に話し相手はいますか？

　　　　はい　　　いいえ

散歩は好きですか？

　　　　はい　　　いいえ

機械の扱いは苦手ですか？

はい　　　いいえ

夜に1人で過ごすことが怖いと感じますか？

はい　　　いいえ

ディサービスを知っていますか

はい　　　いいえ

ショートステイを知っていますか

はい　　　いいえ

ニュースやワイドショーは良く見ますか？

はい　　　いいえ

映画やドラマで思わず涙することはありますか？

はい　　　いいえ

困っている人を見るとついつい助けたくなりますか？

はい　　　いいえ

過ぎたことをくよくよと思い悩むタイプですか

はい　　　いいえ

病院に行くことに抵抗ありますか？

はい　　　いいえ

家の中でつまずいたことはありますか？

はい　　　いいえ

家の中に階段はありますか？

　　　はい　　　　いいえ

最近家の中で危険だと思った場所はありますか？

　　　はい　　　　いいえ

最近外出がおっくうだと感じたことはありますか？

　　　はい　　　　いいえ

朝着替えをするのが面倒だと感じますか？

　　　はい　　　　いいえ

定期的な健康診断を受けていますか？

　　　はい　　　　いいえ

毎年欠かさず行っている行事はありますか？

　　　はい　　　　いいえ

よく行くお店、外食先はありますか？

　　　はい　　　　いいえ

いつも行く美容院はありますか？

　　　はい　　　　いいえ

終末医療という言葉を聞いたことがありますか？

　　　はい　　　　いいえ

ピンピンコロリは可能だと思いますか

　　　はい　　　　いいえ

延命治療を希望しますか

　　　　　はい　　　　いいえ

介護が必要になった時のことを考えたことはありますか？

　　　　　はい　　　　いいえ

入りたい病院はありますか？

　　　　　はい　　　　いいえ

介護サービスをお願いしたい会社はありますか？

　　　　　はい　　　　いいえ

地域の福祉課に相談したことがありますか？

　　　　　はい　　　　いいえ

介護施設などの見学をしたことがありますか？

　　　　　はい　　　　いいえ

家族の介護をしたことがありますか？

　　　　　はい　　　　いいえ

入りたい施設はありますか？

　　　　　はい　　　　いいえ

最近新しいことに挑戦する事がおっくうですか？

　　　　　はい　　　　いいえ

死ぬ前に会いたい人はいますか

　　　　　はい　　　　いいえ

訃報を知らせたい人はいますか？
　　　　　　はい　　　　いいえ

お墓はありますか？
　　　　　　はい　　　　いいえ

お葬式で使いたい写真はありますか？
　　　　　　はい　　　　いいえ

お葬式の形態に希望はありますか？
　　　　　　はい　　　　いいえ

残していく人に渡したい物はありますか？
　　　　　　はい　　　　いいえ

遺言状は書いてありますか？
　　　　　　はい　　　　いいえ

財産は何カ所かに分けて保管していますか？
　　　　　　はい　　　　いいえ

尊厳死について考えたことはありますか？
　　　　　　はい　　　　いいえ

棺に入れて欲しい物はありますか？
　　　　　　はい　　　　いいえ

最期をどこで迎えたいか決めていますか？
　　　　　　はい　　　　いいえ

毎日お風呂にはいっていますか？

| はい | いいえ |

家の中に使っていない部屋はありますか？

| はい | いいえ |

歌を歌うのは好きですか？

| はい | いいえ |

絵を描くことは好きですか？

| はい | いいえ |

オセロやトランプなど頭を使うゲームは好きですか？

| はい | いいえ |

折り紙や編み物など手先を使うことは好きですか？

| はい | いいえ |

ボランティアをしたことがありますか？

| はい | いいえ |

もう一度読みたい本はありますか？

| はい | いいえ |

行ってみたい場所はありますか？

| はい | いいえ |

もう一度見たい映画はありますか？

| はい | いいえ |

シニアライフスタート！

自遊時間、何がしたい？

ついに来ました『老後の時間』。でも、マイナス要素の視点を少し変えるだけで世界はぐんと広がります。時間があればできたこと、暇になったら挑戦したかったことなど、人生を振り返るとあれこれ出て来ます。それらを思い浮かべ、ここに書いてみましょう。書き方に制約はありません。単語・キーワードだけでも結構です。その中にあなたの「老後の楽しみ」となるものがきっとあるはずです。

行ってみたい場所ともう一度行きたい所

やってみたい習い事

❀ 自慢のコレクション

❀ 昔憧れた趣味や遊び

❀ 一度入ってみたいお店ともう一度行きたいお店

各旅行会社では＜身体の楽な旅＞＜体力がなくても安心＞など高齢者のニーズに合わせたプランを企画しています。旅行の前に問い合わせてみるとよいでしょう。
　・航空会社の利用割引き　　　シルバー割引・シニア65割引など
　・各旅行会社の利用割引き　　ドリームクラブなど
　・ＪＲ各社の利用割引き　　　ジパング倶楽部など

★高齢者が旅行するときの注意
・高齢になると、トイレが近くなり、行動もゆっくりになる。ゆったりとした予定をたてる。
・保険証を持参する。身分証明書になるものを持参すると、入場が割引になることがある。
・福祉タクシーを利用して、旅行ができる。早くから予約する必要があるので事前に調べておく。
・ホテルや旅館、入浴のバリアフリーも事前に調べておく。

シニアライフスタート！

❁ **よく行く場所はここですよ** ❁

あなたが普段よく出かける場所はどこですか？通院している病院、日常の買い物に行くスーパー、散歩コース、お友達とおしゃべりする喫茶店、マッサージ、スパ…あなたの行動範囲を地図や文字にして書いてみましょう。これらは、後々このノートを見る家族にとって、あなた自身の行動範囲を知る良い手がかりとなります。細かく、厳密に書く必要はありませんが、わかりやすい目標物や目印となる建物があれば、一緒に書き込んでおきましょう。もちろん、電話番号もお忘れなく。

❁ よく行く病院/美容院

シニアライフスタート！

❀ いつもの散歩コース

❀ よく行くお店

❀ 習い事はここに通っています

自分の健康状態を見極めよう

老後の健康管理には特に注意が必要です。「私はまだまだ身体が動くはず」と自分の体力を過信しすぎると思わぬ怪我を招きます。かといって「もう年だから」と引きこもるのも逆効果。適度に身体を動かしていないと、筋力の衰えが加速してしまいます。

長生きの秘訣は、自分の健康状態を客観的に知ることです。今通っている病院や通院の理由、持病などをここに書き留めて、身体の状態を見極めましょう。

かかりつけの病院

長年わずらっている病気

現在治療中の病気

❁ 毎日飲んでいる薬

❁ よく飲んでいる市販薬

❁ よく利用するサプリメント

❁ アレルギー
・薬

・食べ物

・花粉など

シニアライフスタート！

❁ 毎日の睡眠時間（平均の睡眠時間）

❁ 毎日の運動量（散歩時間など）

❁ 一日の食事・間食の回数

❁ 一日のたばこの量

❁ 一日のお酒の量

❁ 健康のためにおこなっている事(例：食べ過ぎないようにしてるなど)

❀ 健康診断で気になる所

❀ 最近気になる自分の症状

あったら安心！もしもの時の「入院セット」

- ❀ 前あきのゆるいパジャマ 2〜3セット
- ❀ タオル大中小 各3〜5枚
- ❀ バスタオル 2〜3枚
- ❀ 楽な下着類 3〜4枚
- ❀ テッシュペーパー
- ❀ 小さめの洗面器
- ❀ スリッパ
- ❀ 歯ブラシ・歯磨き
- ❀ メモ用紙・ボールペン
- ❀ コップ
- ❀ 保険証のコピー
- ❀ 靴下 2〜3足
- ❀ ハガキ・切手
- ❀ 安心ノート！

※タオル、パジャマは一度洗って水を通しておく。

シニアライフスタート！

✿住んでる所はホントに安全？✿

長年住み慣れた家でも、体の自由がきかなくなり始めると危険な個所がいっぱいあります。
たとえば、いつも昇り降りしている階段を踏みはずしたり、お風呂場で滑ってしまったり、敷居につまずいたりしがちです。
その前に、動き回れるうちに、自分の家のどこが危険なのかを把握しておきましょう。

✿雨漏りや電気切れ、壊れている箇所

✿家の中でつまずく場所

✿家の中で滑りやすい場所

✿台に上らないと手の届かない場所

❀ 手すりがあったら便利だな…と思う場所

❀ 扉、窓、雨戸などで開け閉めしにくい場所

❀ 使っていない部屋

❀ 近所にあったらいいと思うお店や福祉施設

あなたのお家は住みやすい？
快適老後のための住宅チェックシート

☐ トイレ・浴室・脱衣所・洗面所・食事室が同じ階にあるか？

☐ お風呂や部屋の敷居などは高くないか（5ミリ程度が目安）

☐ 玄関からの上がり口・ベランダの出入り口は高すぎないか？
　（18センチ程度が目安）

☐ 階段・廊下に足下灯はついているか？

☐ 廊下の幅はゆとりがあるか？
　（85センチあると車椅子で通れます）

シニアライフスタート！

❀ 生活上、心がける20のポイント

1．戸締り、火の用心など具体的なチェック項目を書き出し、目につきやすい場所に貼っておく。

2．家計簿をつけるなど、数字、計算を一日一回。

3．他人の話をよく聞く。

4．人の話をさえぎって、自分のことばかりしゃべらないよう注意する。

5．寝る前に、今日あったことなど反芻してみる。

6．惜しいと思うものも使用予定がなかったら処分する。

7．化粧やオシャレをし、身ぎれいに暮らす。

8．火傷などを防ぐために、料理するときは袖を腕バンドでとめる。ブラウスなども裾はヒラヒラさせない。燃えにくい衣類を着用する。

9．身の回り品が古くなったら、随時交換し、快適ライフをめざす。

10．無理して身体を痛めないよう、掃除を業者に頼むのも一つの方法。

11．料理の好きな人、簡単な大工仕事などの得意な人がいたら、割り切って有償で相互援助しあう。

12．一枚洋服を買ったら一枚洋服を処分。シンプルライフを心がける。

13．交通事故を上回るのが家庭内事故。階段や浴室には滑り止めテープを。

14．バリアフリーにリフォームする場合、事前にモデルハウスなどを見学。

15．お財布、眼鏡、印鑑、通帳などの置き場所を決めておく。使い終わったら必ず元の場所に戻しておく習慣をつける。

16．一年間使用しなかった物は不要品と考え、バザーなどで処分する。

17．物を処分するときは、価格を思い出し、支払った総額をはじきだす。金額の大きさに驚き、二度と衝動買いをしなくなる。

18. 浴槽内にはゴム製の滑り止めマットを入れて、溺れないようにする。
19. 「宅急便です」といわれても、すぐにドアを開けないでまず確認をする。
20. 常に身元がわかるものを携帯しておく。かかりつけの病院、血液型、駆けつけてくれる子どもや友人の連絡先をしっかりと書いておく。さらに延命を希望しないなら、その旨を書いた書類(コピー可)を持ち歩く。

❀ 老後の住宅相談

介護保険を使って住宅の改修ができる。転居前に改修費を使っていても、転居後に住宅改修費が受けられる場合もある。限度額など、各自治体に問い合わせてみましょう。

◇住宅関係苦情等相談窓口

集団住宅管理組合センター(分譲マンションの管理相談診断など)

TEL　03-3269-1139

日本不動産鑑定協会(不動産鑑定に関する全般的相談)

TEL　03-3434-2301

全国宅地建物取引業協会連合会

(不動産取引に関する各県の相談窓口を紹介)

TEL　03-5821-8111

日本木材総合情報センター・木のなんでも相談

(住宅の改修など木に関することならすべて)

TEL　03-5646-8201

シニアライフスタート！

❀ 老後のお金 ❀

老後を迎えたら、お金のやりくりに対して意識を変える必要があります。
今まで働いていて定年を迎えた人は、毎月の収入の金額も大きく変わることでしょう。
それでも生活する上では食費や光熱費は必要となりますし、医療費や介護費用などといった、今まであまり重点を置いていなかった部分にも目を向けなければなりません。お金の使い方にも、より一層の計画性が求められます。表に書き出してしっかりと確認しましょう。

❀ 月々の支払いを大まかに書き出しましょう

電気	ガス	水道	電話	民間の保険料	新聞
税金	介護保険料	健康保険	TV受信料	家賃	税金
食費	おしゃれ代	医療費	通信費	交際費	教育・娯楽
予備費	その他				合計

❁ 見落としがちな出費

・介護費用

・子、孫へのお年玉や小遣い

・入院費、検査費

・葬儀関係

・お墓が必要な場合その購入費

・家屋の修繕費

❁ よく使っている金融機関

❁ インターネットでできる老後費用のシミュレーション

「心豊かな暮らしのためのマネープラン」
http://www.tsk-web.com/fp/fp/fpmapsisan.htmでは、老齢年金の額、相続税、死亡に備えた生活の保障にいくらかかるかなどが、生年月日や質問項目に数字を入れてゆくだけで、簡単にわかる仕組みになっています。

❁ 少しずつひろがるリバース・モーゲージ制度

リバース・モーゲージとは、高齢者が自宅に住みながら家を担保に自治体や金融機関からお金を借りて老後資金にする制度。
高齢者は、やはり住み慣れた所を離れたくない人が多い。現金収入が心細くなる人、自分の財産は自分で使い切り、楽に暮らしたい人に希望者が多い。下記のように、自治体で取り組んでいる所もあるので問い合わせてみるとよいでしょう。

1. **直接融資（自治体の直接貸し付け）**
   東京都武蔵野市福祉公社　TEL：0422-23-1165
   東京都中野区役所生活援護福祉資金課　TEL：03-3389-1111

2. **間接融資**（希望者からの相談で金融機関を紹介、無利子貸付制度のある所もある）
   東京都世田谷地域社会福祉協議会事務所　TEL：03-3419-2311
   東京都台東区社会福祉協議会はつらつサービス　TEL：03-5828-7545

民間の介護保険や老後資金

公的介護保険だけでは、不安だという人に、比較的安く終身払いの民間介護保険が売り出されています。

月額の支払いを考えると、50歳くらいで入るのが得。A社の場合、女性は4,000円程度の支払いで、介護が必要になると一時金として5万円、年間24万円ほど支給される。難点は、公的介護保険の介護度と連動していないことで、それぞれの会社の認定によるので入る場合はよく調べてから入ることが賢明です。

①個人年金のタイプ

1. 定額型　…　受け取る金額が全期間にわたって定額。
2. 逓増型　…　受け取る金額が毎年、または数年ごとに一定額ずつ増えてゆく。他にも一定額ずつ増えた後、定額になるものもある。
3. 前厚型　…　受け取る年金額が年金受け取り開始時期から一定期間（例えば5年間）は、多く設定されているもの。

②保険料の払込方

1. 積み立て型　…　若いときから老後の資金として、一定期間払い込んでいく計画性に富むもの。
2. 一時払い型　…　若いとき、準備していなくて退職金などを一時払いで老後の資金に準備するもの。受け取り開始時は据え置くこともできる。

シニアライフスタート！

❀ インターネットを活用しよう ❀

パソコンの普及でインターネットを使って誰でも簡単にいろいろな情報を引き出せる世の中になりました。
それらを悪用した怖い話も聞きますが、使い方さえ把握していればこんな便利なものはありません。あなたに有益な情報をもたらすデータバンクにすることだって可能です。パソコンが操作出来ると出来ないでは生活の便利さが天と地ほど違います。覚悟して覚えましょう。
ここではインターネットで情報を検索する方法を簡単に解説します。

パソコンについての詳しい使い方や楽しみ方は、コンピュータ関連専門の各出版社より熟年層向けのわかりやすい書籍がたくさん出ています。また、最近では図書館や地域センター・市区町村の役場にインターネットの無料体験コーナーが設置されているところもあるそうです。
パソコンを持っていない人でも係員が優しく指導してくれるので、まずそれらの場所で直にパソコンに触れてみることから始めてみるといいでしょう。ここではインターネットで自分の探している情報をうまく見つけ出すコツをお教えします。

シニアライフスタート！

インターネットを開くと、『検索システム』というものが表示画面の中に見つかります。

その開いているページによって『検索システム』がどこにあるのかはさまざまですが、だいたいページ上部のわかりやすいところに設置されているようです。

ここでは検索システム最大手の『Google』(グーグル)を使用します。

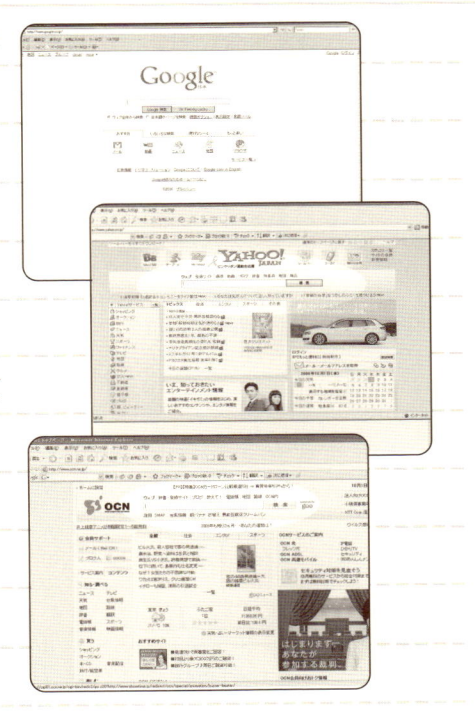

例えばあなたが今、近所で絵を描ける絵画サークルを探しているとします。この場合、検索システムの文字入力欄に『絵画サークル』と入れて、横にある『検索』ボタンを押してみましょう。

これでインターネット上にある『絵画サークル』という言葉を含むホームページをコンピュータが探し出します。

シニアライフスタート！

検索の結果、936,000件の情報が見つかりました。でも、こんなにたくさんあっても全てがあなたの欲しい情報とは限りませんし、とても全部は見切れません。そこで、よりピンポイントに絞り込んで検索をかけます。

数ある情報のうち、あなたが求めているのが『新宿区』のものだとしたら、最初の検索ワードの後ろに1文字分スペースを空け、『新宿区』と打ち込んでみましょう。これでコンピュータは『絵画サークル』『新宿区』の2つの言葉を含んだホームページのみを探してくれます。

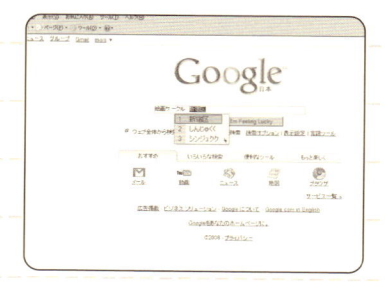

検索ワードを増やした結果、62,700件まで絞り込むことが出来ました。更に細かいキーワードがあるなら、また1文字分スペースを空けて新しいキーワードを打ち込みます。
ここではあと2つ、『早稲田』『水彩』という言葉を増やしました。

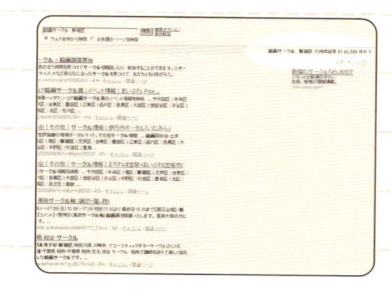

シニアライフスタート！

『絵画サークル』『新宿区』『早稲田』『水彩』と言葉を増やしたことで、1,060件まで情報を絞り込むことが出来ました。
このように、調べたい事柄のキーワードが多ければ多いほどあなたの知りたい情報をピンポイントで引き出すことが出来るのです。

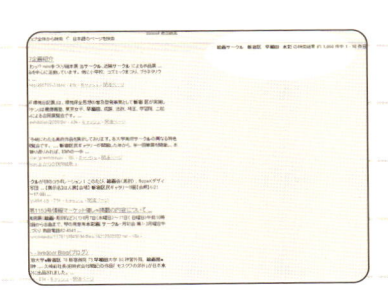

インターネット検索のポイントは、調べたい事柄のキーワードをいかに思いつく事ができるかというところにかかっています。キーワードは断片的なもので構いません。逆に長すぎると検索できないこともあるので、なるべく短い単語で入力するよう心がけます。
まずは20〜21ページで思いつくままに書き出したキーワードを参考にして、あなたのやりたい老後の楽しみについて検索してみましょう。

シニアライフスタート！

❀ 犯罪被害者にならないために ❀

近年、電話を用いた犯罪が急増しています。
家族を心配する気持ちを逆手に取った、『振り込め詐欺』をはじめとした卑劣極まりない犯罪行為は、警察の取り締まりが強化されていてもなお、年々増加の一方にあります。
その手口は巧妙を極め、手を変え品を変えて高齢者の大切な財産を奪おうとしてきます。
世間でも声を大にして言われていることですが、弁護士・警察官がいきなり電話をかけてきて「お金を振り込んでください」などと言うことは絶対にありません。また、相手が誰であろうと『振り込み』『示談』という言葉を聞いたら、条件反射で疑ってかかるくらいの心づもりを普段からしておいた方が良いでしょう。
特に、『100の質問』で「映画やドラマで良く泣く」「困っている人を助けたい」に『はい』と答えた人は要注意。詐欺師たちは迫真の演技で電話をかけて被害者をパニックに陥れ、あからさまにおかしいと思われる話ですら真実に思えてしまう高度な話術で騙そうとしてきます。
そんな犯罪者達の三文芝居に乗せられて大切な老後資金を失ってしまわないように、日頃から『詐欺』というものに強く関心を持って用心しておきましょう。

※最近は更に、バイク便や郵政公社の『エクスパック』といった宅配関連のサービスを悪用した手口も急増しています。
常に新聞・ニュースで最新の情報をチェックしてください。

◇振り込め詐欺の代表的な手口◇
『子供・親族がトラブルに！』

最も有名で、被害者の優しい心を踏みにじる悪質なケースです。

犯人達はあなたの大切な家族のふりをして電話をかけ、問題を起こして困っているから、と金銭の振り込みを要求してきます。

このケースの対処法は、とにかく一度電話を切り本人に確認をとること。用意周到な犯人達は、あなたを陥れるため数日前に電話をかけている場合もあります。このとき、「携帯電話（または自宅・会社）の番号が変わったから」と新しい番号をメモにとるように言われているかも知れませんが、その番号は一切無視してください。あなたが以前から控えている夫・子供達の携帯電話番号や勤め先に連絡をして、必ず本人と話して下さい。

また、犯人達は警察官や弁護士、暴力団になりすましてかけてくる場合があります。

警察や弁護士が電話でいきなり振り込みを依頼する事など絶対にありえません。また、暴力団のような強い口調でいわれのないお金を要求されたら、脅迫罪として相手を訴える事ができます。

この類の電話がかかってきたら、とにかく一度深呼吸をしてください。何よりも一番大事なのはまず『落ち着く』ことです。

落ち着いて話を聞けば、その電話があなたを騙す悪意に満ちていることにきっと気付くはずです。

『還付金をお返しいたします』

　このところの年金問題や税金の支払い状況などにかこつけた、『振り込め詐欺』の新しい形です。これらは従来の「問題を起こしたからお金を振り込んでくれ」という形とは違い、「あなたが支払ったお金が多いので、お返しいたします」という魅力的な言葉から始まります。そして、「今から言う手順で銀行のATMを操作し、受け取りの手続きを行って下さい」と指示し、被害者に操作方法を伝えてきます。実はこの操作こそ、被害者の口座から詐欺グループの口座へと送金をさせる『口座間振込』の手続きに他ならないのですが、被害者はお金が返ってくるという言葉で催眠状態に陥り、話がおかしいことに気付かずに振込手続きを完了させてしまうのです。**銀行・駅・コンビニエンスストアなどに設置されているATMでは、こちらからの操作で相手の口座に入金する事は出来ても、その口座からお金を引き出す操作は決して出来ません。また、各省庁および企業がそのような手続きをするように促すことも決してありません。**

　この詐欺のポイントは、「今日中に手続きしないとお支払いが出来なくなります」と言って被害者を無駄に焦らせる所にあります。この一言を付け加えることで、被害者は還付金のことで頭が一杯になり、詐欺という事実にまで考えが回らなくなるのです。最近では銀行各社が携帯電話をかけながらATMを使用することを全面的に禁止しています。それでも、手順をメモに取らせて手続きをさせようとする詐欺グループも後を絶たない状態なので、「うまい話には裏がある」と最初から疑ってかかって、自衛を心がけてください。

『応募された懸賞の賞品発送が保留になっています』

これは昔からあるタイプの詐欺ですが、このところの『振り込め詐欺』の影響を受けて、電話ではなく書簡で連絡がくる手口も最近出てきているようです。詐欺グループはあなたの名前・住所・当選金額・当選賞品がきれいに印字されている手紙をあなた宛に送りつけてきます。そして「賞品を送るからその手数料を郵便で送れ」と指示を出してきます。銀行振込ではなく、金額も数千円という小規模のものなので油断しがちですが、手段が何であろうと相手にお金を送ることに変わりありません。また、場合によってはこのときクレジットカードの番号を書かせて郵送させることもあります。**クレジットカードの番号・カードの有効期限・あなたの直筆の署名まで書いてしまったら、詐欺グループにこのカードを悪用されても文句は言えません。**金額が小さいからといっても詐欺は詐欺なのです。折り返し連絡をする事がまず大事で、あなたの個人情報という重要な資産が盗まれているという事実を決して忘れないでください。

この通知書は非常にきれいに作ってあり、素人目にはしっかりとした企業からの手紙のように見えます。ですが、会社の連絡先が書いていなかったり、現金の送付先が外国の私書箱だったり…と注意深く見ればあからさまにおかしいところがいくつもあるのです。これらの手紙にも「●日以内にご返信下さい！ご連絡いただけない場合は当選が無効になります」という煽り文句が必ず入ってきます。「少ない金額で高額な商品がもらえるなら…」と安易な気持ちであなたの情報を漏らしてしまわないように充分注意して下さい。

要介護者になっちゃった

再確認！あなたの近所のお医者さん

病気や怪我はいつどこで襲いかかってくるかわかりません。明日にでも我が身にふりかかるかも知れないのです。倒れてから病院を調べるのはまず不可能だと思って下さい。朦朧とした意識の中では調べ物などほとんど出来ません。
そんな時の頼みの綱として、すぐに看てもらえる病院をあらかじめ書き出しておきましょう。
老後の病気は一刻を争う場合もあります。いざという時に手遅れにならないようあらゆるケースに備えましょう。

いつも行く病院

内科：

外科：

整形外科：

呼吸器科：

その他：

❁ 入院するならここがいい！

① _____ 病院（TEL）_____

② _____ 病院（TEL）_____

③ _____ 病院（TEL）_____

・今までの入院歴（何歳の頃、どんな病気・ケガで、どこに入院したか）

・親族に全身麻酔後、高熱を出した事のある人はいますか？

介護が必要な状態って？

年をとって健康状態に不安が出てくると気になるのが介護支援の問題。
介護保険制度の要支援・要介護認定を受ければ介護保険の支給を受けることができますが、支給額は介護が必要な度合によって違ってきます。要支援・要介護度の種類は7段階。正式な判定は市町村などによる介護認定審査会によって決まりますが、その大まかな基準を見て、今の自分に介護は必要なのか、どういう状態で必要になるのかを調べてみましょう。

こんな自分に気付いたら老いの初期症状

☐物忘れがひどくなる　　　☐頑固になり、自分勝手になる
☐訴え、不満が多くなる　　☐重ね着をし、着がえをしなくなる
☐入浴が嫌いになる　　　　☐下着をよごす回数が多くなる
☐食事のときにこぼすようになる　☐耳や目が不自由になる
☐昔の話が多くなり、繰り返す　　☐急にヒステリックに騒ぐ
☐夜眠れない

※心当たりがいくつもある場合は、介護関連の窓口でもある近隣の地域包括支援センターで相談してみましょう。

◆要支援・要介護の認定◆

介護度	状態（めやす）	サービスの基準
要支援1	基本的な日常生活は、ほぼ自分で行うことができるが、要介護状態にならないようになんらかの支援が必要	機能訓練の必要性に応じて、週1回の介護予防通所リハビリテーションが利用できる
要支援2	要支援1の状態より基本的な日常生活を行う能力がわずかに低下し、何らかの支援が必要	機能訓練の必要性に応じて、週2回の介護予防通所リハビリテーションが利用できる
要介護1	排泄、入浴、清潔、整容、衣服の着脱等に一部介助等が必要（部分的な介護）	毎日何らかのサービスが利用できる
要介護2	排泄、入浴、清潔、整容、衣服の着脱等に一部介助または全介助が必要（軽度の介護）	週3回の通所リハビリテーションまたは通所介護を含め、毎日何らかのサービスが利用できる
要介護3	排泄、入浴、清潔、整容、衣服の着脱等に全介助が必要（中等度の介護）	夜間または早朝の巡回訪問介護を含め、1日2回のサービスが利用できる。医療の必要度が高い場合は、週3回の訪問看護サービスが利用できる。認知症の場合は、かなりの問題行動がみられることから、週4回の通所リハビリテーションまたは通所介護を含め、毎日サービスが利用できる
要介護4	排泄、入浴、清潔、整容、衣服の着脱等に全般について全面的な介助が必要（重度の介護）	夜間または早朝の巡回訪問介護を含め、1日2～3回のサービスが利用できる。医療の必要度が高い場合は、週3回の訪問看護サービスが利用できる。認知症の場合は、問題行動が一層増えることから、週5回の通所リハビリテーションまたは通所介護を含め、毎日サービスが利用できる
要介護5	生活全般にわたって、全面的な介助が必要（最重度の介護）	早朝、夜間の巡回訪問介護を含め、1日3～4回のサービスが利用できる。医療の必要度が高い場合は、週3回の訪問看護サービスが利用できる

要介護者になっちゃった

老後を助けてくれる地域サービス

要支援・要介護度について確認したら、市や区が公共で行っているサービスについて調べてみましょう。
利用できるサービスは介護度によって違いますが、今は必要なくともそのうちお世話になるサービスがあるかも知れません。
まだ元気で体が動くうちにそれらのサービスについての認識を高めておき、いざ必要になったときにすぐ問い合わせが出来るよう、各サービスの受付窓口や連絡先を書き込んでおきましょう。

老後の電話相談

定年になったらどんな生活を送ろうかと悩んでいる人、夫が定年になって毎日が日曜日で自分の生活が自由にならない人たちのための電話相談を行っている。

年金の心配、定年後の経済、生きがい作りや法律問題について専門家(医師、社会保険労務士、弁護士)が無料で相談にのってくれる。

ただし、内容によっては実費がかかる。主催は、財団法人シニアルネサンス財団。

月～金曜日(祝祭日を除く)AM10:00～PM5:00

東京/TEL：03-3222-3335　名古屋/TEL：052-332-7883

大阪/TEL：06-6634-6066　広島/TEL：082-246-8802

◆老後のことがよくわかる参考図書◆

『早わかり定年退職完全ガイド』　プレジデント社刊　本体1500円

『定年後──「もうひとつの人生」への案内』　岩波書店編集部　岩波書店刊　本体1800円

『定年GO！－40代・50代で考えるセカンドライフ－』　財団法人・生命保険文化センター　1部200円

『年金の教室』　高山憲之著　ＰＨＰ新書　本体660円

『40歳からの年金基礎勉強』　富士総合研究所生活・社会動向プロジェクト著　小学館文庫　本体533円

『老親介護は今よりずっとラクになる』　野原すみれ著　情報センター出版局　本体1200円

『しあわせの介護のノート』　野原すみれ著　情報センター出版局　本体980円

『女性のための老後を生き抜く110の知恵』　野原すみれ著　北辰堂出版　本体1300円

『定年後大全』　日本経済新聞社生活経済部編　日本経済新聞社　本体1500円

『イラスト六法わかりやすい相続』　吉田杉明著　自由公民社　本体1400円

『毎日の介護食レシピ』　黒田留美子監修　河出書房新社　本体1400円

『年金なんでも相談室』　田中章二著　日本経済新聞社　本体1500円

◆年金に関する問い合わせ先

近くの社会保険庁社会保険業務センターに聞く。特に女性の国民年金は、年額どのくらい支給されるか確認しておく。満額にするために65歳までに一括払いも可能なので、老後の資金確保のために知っておくこと。

◆困ったときに相談できる所

＊シルバー110番（高齢者総合相談センター）

高齢者のための各地域ごとの相談窓口。相談は、介護のことばかりでなく、心配事、悩み、法律相談、年金、住宅改修などの苦情、地域の福祉情報、税金の悩み、医療問題なども相談できる。窓口のサービス・受付状況は地域ごとで異なるので、近隣の役所窓口にて問い合わせを。

◇アドバイス◇

相談することをメモして、手際よく質問すること。ダラダラしていると、単に愚痴をいいたいのかと思われてしまいます。

＊身近に相談にのってくれる所と人

全国1万ヶ所以上設置されている「在宅介護支援センター」は、在宅介護の相談に応じてくれる。わかりやすい場所に電話番号を貼っておくこと。24時間対応。地域の民生委員などに訪問してもらい、相談するのもよい。また、社会福祉協議会や役所の窓口でも相談にのってくれる。

「財団法人認知症の人と家族の会」　フリーダイヤル：0120-294-456

「介護支え合い相談」　フリーダイヤル：0120-070-608

◆一人暮らしお助け情報

＊一人暮らしの高齢者への福祉サービス

それぞれの自治体では、主に下記のような福祉サービスを行っているので、役所、社会福祉協議会などに問い合わせてみましょう。

1. 身の回りの世話

ヘルパー派遣。掃除、選択、買い物などの家事を手助けしてくれる。

2. 食事の世話

給食サービスなど、業者やボランティアを紹介してくれる。

3. 病気を持ち、体調が日々気になる

緊急通報、安否確認などのサービスがある。

4. 電話がない方へ　福祉電話を貸与する所もある。

5. 安否確認

乳酸飲料業者が配達の度、声をかける。電話訪問など。

6. 孤独で寂しい人に　友愛訪問

例）神奈川の老人クラブの友愛訪問活動

元気な高齢者が、寝たきりや一人暮らしの高齢者等の家庭を訪問し、話し相手になったり、相談相手になる。場合によっては家事援助や日常生活の手助けをする。

7. 風呂がない人に　公衆浴場の券を配布

8. 防災対策　自動消火器の設置、火災警報器、ガス警報器

9. 取り壊しなどで転居する間、家賃の支払いが困難　民間賃貸住宅助成

10. 取り壊しにより居室などの契約が困難　高齢者福祉住宅

＊家事代行サービス

・ファミリーマート　famiポート 家事代行サービス

日常のお掃除、買い物、洗濯、アイロン掛け、子供の送り迎えなど、要望にあわせて利用できる家事代行サービス。

店頭に設置の端末を使って申し込む。　価格：9800円(2.5時間)

サービス地域：東京都、神奈川県、千葉県、埼玉県、大阪府、京都府、兵庫県、奈良県

・ダスキン　家事おてつだいサービス

時間単位でさまざまな家事を手伝ってくれるサービス。

地域によって値段差があるので問い合わせ時に確認を。2時間で8,400円から。

電話での問い合せ：0120-100-100（年中無休・24時間受付）

＊買物代行サービス

・イトーヨーカドー　ネットスーパー

インターネットで約３万点の商品の中から欲しいものを選ぶと、当日もしくは翌日に自宅に届けてもらえる。

インターネットでの会員登録が必要。

ホームページアドレス: https://www.iy-net.jp/

◆配食サービス

一人暮らしの高齢者のための食事の配給サービスを行っている会社が各地にある。行政の福祉の窓口や各地の社会福祉協議会などに問い合わせるとよいでしょう。

＊在宅配食サービス

・セブンイレブン　セブンミール

電話やインターネットまたは店頭にて注文すると、翌日、自宅または近隣のセブンイレブンに配達。受付は24時間なのでいつでも注文できる。

・ニコニコキッチン

高齢者向けの宅配弁当の全国チェーン店。高齢者用に栄養バランスも考え、必ず手渡しで食事を届けてくれる。

遠方の家族のために、配達と同時に安否確認も行うサービスがある。

サービスについての問い合わせ：0120-550-660

◆在宅介護支援

＊現金お届けサービス

銀行もサービスの時代に入っている。高齢者はATMの操作に慣れていないとか、待ち時間がつらいという人に、必要な現金を安心して届けてくれる銀行も出てきた。

自分の利用している銀行に問い合わせてみる。ただし、通帳残高の照合やシステムが信用できるものか、しっかり確認するのがよい。

インターネットバンキング（インターネットを使って、残高照会や振込

みができる)は、なかなか便利だ。インターネットを使う人は、公共料金などの引き落としをはじめ、24時間自分のお金の出し入れがわかる。

＊郵政公社の「ひまわりサービス」

過疎地域の高齢者が安心して、暮らせるように、郵政公社、地方自治体、社会福祉協議会が協力して、高齢者住宅サービスを作った。
対象者は、70歳以上の一人暮らしの高齢者と高齢者夫妻世帯で、地方自治体との協議が整った所から実施している。

1. 郵便局が主催した手紙教室に参加した小学生などの励ましの手紙を定期的に届ける。
2. 生活用品などの注文を聞いて、配達をする。
3. 郵便外務職員が、郵便物の配達のとき、高齢者と会話を交わし様子を聞いたり、わざわざポストまでいかなくても郵便物の集配を行う。
4. 平成19年3月末現在、151の市町村で実施。(自分の地域でやっているか、確認すること)

郵便公社広報課　TEL: 03-3504-4411

要介護者になっちゃった

■私の市区町村での受付窓口

_____課　電話_____

■生活の中で「手伝ってもらえたらいいな」と思う事を書き出してみましょう。

-
-
-
-
-
-
-
-
-
-

介護サービスを受けるために

介護保険で受けられるサービスはいろいろありますが、そのためにはまず今現在の介護度を認定してもらう必要があります。
この認定によって決まる『要支援・要介護度』によって、受けられるサービスが変わってくるのです。
介護認定を受けるための申請の手順と大まかな流れを、ここでは東京都大田区を例にして確認しましょう。

介護サービスを利用するための最初の手続き

介護サービスを利用するためには、大田区に要介護認定、要支援認定の申請をする必要があります。区は申請を受け付けると、訪問調査や審査を経て、日常生活を営む上でどのくらいの介護が必要であるかを判断して決定します。

◇step1：申請

本人または家族が、各市町村の窓口へ必要書類を提出して申請します。
食事、入浴、排泄などの身体介護や調理、洗濯、掃除などの生活援助を必要とする状態となった人が介護サービスを受けることを希望するときには、大田区に要介護・要支援の認定申請をします。

◇step2：訪問調査を受ける

現在お住まいの場所へ調査員が訪問します。現在の状態や医療の必要性などを面談で調査します。

全国共通の調査票により、概況調査と82項目の基本調査を行います。調査項目にない具体的な介護の必要性などは、特記事項として調査し、記入します。

区の職員または区が委託したケアマネジャーと呼ばれる介護支援専門員が訪問調査員として、申請者の自宅または入院先の病院などを訪問し、心身の状況について本人や家族から聞き取り調査を行います。

◇step3：主治医の意見書提出

医学的な立場から見て、主治医が介護の必要な状況についての意見書を書きます。

訪問調査員が作成した調査票の結果は、公平な判定を行うためにコンピュータで処理されて、介護や支援を必要とする人に該当するかどうか、さらに介護を必要とする場合は、どれくらいの介護サービスが必要であるかの指標となる「要介護状態区分」が示されます。

認定申請書に記入された主治医に対し、区が主治医に意見書の作成を依頼します。

主治医は、申請者の心身の状況について、全国共通の様式に基づく意見書に記入し、区に提出します。

◇step4：要支援・要介護度の査定・認定

訪問調査、主治医の意見書を元に、介護の必要性や程度を判断します。

　コンピュータ処理された一次判定結果と、訪問調査員が記載した特記事項、主治医意見書をもとに、保健、医療、福祉の専門家で構成した介護認定審査会が審査して、どのくらいの介護が必要なのかを最終的に判定します。

◇step5：認定結果の通知

検査の結果に基づき、要介護度を示した認定結果が届きます。

　介護認定審査会は、自立とみなされる非該当、要支援1から2、要介護1から5の8区分の判定をします。

（※大田区ホームページより抜粋）

認定結果の通知が来たら、介護サービスを受けるためにケアプランを作成しましょう。大田区では、区内20か所のさわやかサポート(地域包括支援センター)で、高齢者に関するご相談に応じています。ソーシャルワーカー等職員がお話を聞き、必要に応じて自宅に伺って、よりよいサービスができるようにお手伝いいたします。

❁介護の相談が出来る所をメモしておこう

市区町村役場・福祉課	
社会福祉協議会	
役所の関連部署	
民　生　委　員	
ケアマネージャー	
在宅支援サービス	
地域包括支援センター	

要介護者になっちゃった

いと楽し福祉センター

公共の施設というとちょっと入りづらいイメージもありますが、これらの施設はご近所さんとの交流を深めるにはもってこいの場所です。施設内には歌や踊り、将棋などを楽しめる広間があり、場所によっては広いお風呂が利用できる所もあります。また趣味のサークルもこれらの施設を拠点に活動を行っていることがあるので、新しい楽しみを見つけるのも良いでしょう。
お散歩がてらに近所の福祉・文化センター(※各市区町村で名称が異なる場合があります)を覗いて、素敵な仲間を探しましょう。

❀ 公共の施設ってどんなもの？

各市町村から事業を委託された社会福祉協議会などが運営を行う、地域住民の交流と健康・教育の増進および向上を目的とした、誰でも利用できる施設です。

高齢者福祉だけでなく、児童・障害者福祉施設も併設しているところもあり、地域住民の憩いの場として広く利用されています。

＜たとえば…＞

文化系施設(文化センター・ふれあいプラザ等※各市区町村で名称が異なります)
集会室やホール、音楽ルームなどがあり、文化活動の練習や発表の場として利用できます。

福祉系施設(福祉センター・地域ケアプラザ※各市区町村で名称が異なります)
高齢者・障害者(児)の各種相談やサービスを行う施設。高齢者向けのサー

ビスとしては、入浴・デイサービス・ショートステイなどがあります。福祉系施設では様々な高齢者向けのサービスを受けることができます。中でもデイサービス・ショートステイは介護をする家族にとってもありがたいサービスです。
ここではデイサービスに重点を置いて大まかな流れを見てみましょう。

デイサービスってなに？

デイサービスとは、福祉センターなどで行っている日帰りの通所介護サービスのこと。
朝、送迎の車でセンターに向かい、入浴・レクリエーション・食事をして夕方自宅に帰ってくる、高齢者向けのサービスです。

一日の流れ

・来所・
自宅まで専用車で迎えに来てくれます

・健康チェック・
センターに到着後、血圧・脈拍・体温などを計り、健康状態を調べます

・レクリエーション（筋力トレーニング）・
軽い運動やトレーニングで身体機能の保持及び回復を目指します

・入浴・
体が不自由な人でも気持ちよく入浴できる設備が整っています

・昼食・
栄養バランスを考えて、刻み食やペーストなど、利用者が食べやすいよう

に作られています

・レクリエーション・
絵を描いたりカラオケをしたり…楽しんで出来るレクリエーションが中心です

・おやつ・
他の利用者とおしゃべりを楽しみながらティータイムでリラックスします

・帰宅・
来所時と同じように家まで車で送ってくれます

❀ ショートステイって？

デイサービスと同様、福祉センターで受けられる介護サービスです。日帰りのデイサービスと違い、ショートステイは短期入所生活介護、つまり、センターへの宿泊を含む介護を受けられるサービスです。

❀ お試し利用のすすめ ◇上手なショートステイの使い方◇

『東神奈川ショートステイセンター若草』を例にショートステイの流れを見てみましょう。

急な用事や病気で、家庭での介護が困難になったとき、ショートステイはとても頼りになる存在です。でも、初めての方は、今日明日にでもすぐに利用できるわけではありません。

『若草』では、

① まず、ケアマネージャーにご連絡していただいた上で健康診断書のご用意をお願いします。

② 事前に相談員が家庭訪問を行い、利用者、ご家族と面談を行います。

③ 生活相談員、介護職員、介護師、栄養士など専門職を交えた会議を開いて、情報を十分に共有してからご利用いただくことになります。そのために最低１週間を要します。面談日程が混んでいる時は、さらに日数がかかります。

ところが、一度でもご利用いただいた方ですと（その間、ご様子に特段の変化がなければ）、情報はすでに把握していますので、空室さえあれば緊急対応も可能になります。よって、特に理由はなくても、あらかじめ２、３日のお試し利用をお勧めします。

理由はいっさい問いません。いざというときに備えて、上手に施設を活用してください。（『東神奈川ショートステイセンター若草』広報より）

以上は『若草』の例であり、一般的には家庭訪問し、事前面談をする施設はほとんどありません。また、緊急を要する場合は当日でも利用可能な場合もありますので、各市区町村の役所窓口に相談して下さい。

デイサービス・ショートステイ、いずれのサービスを受けるにしても介護保険の手続きが必要となります。
近隣の地域包括センターでケアマネージャーにまず相談をして、最初はデイサービスから体験してみましょう。

老人ホームあれこれ

長年暮らしてきた家の中にも段差や滑りやすい場所など多くの危険が潜んでいます。
思い切った選択ですが、住み慣れた我が家を離れ、老後の新たな住居として老人ホームを利用するというのも一つの賢い手段です。
一口に老人ホームと言っても種類はさまざま。自立生活に重点を置いたシルバーマンションや、24時間体制で介護をしてくれるホームなど多種多様です。その様々な特性を理解して自分に合った住居を見つけましょう。

養護老人ホーム

入院加療を必要としない低所得世帯の65歳以上の人で、身寄りがいない人。各区のサービス課高齢者支援担当が窓口。

軽費老人ホーム

年収が400万以下で身寄りがない60歳以上の人で、掃除、洗濯など身辺が自立していることが条件。寝たきりになった場合は特別養護老人ホームへと転所する。窓口は各施設。部屋は個室（4畳半〜6畳）。

ケアハウス（介護利用型軽費老人ホーム）

原則60歳以上で、夫婦入所の場合、どちらかが60歳以上で、身の回りのことができる人。所得制限はなし。広い個室（夫婦室で19畳から20畳ほど）。窓口は各施設。

特別養護老人ホーム

高齢で介護が必要な人が入る。相部屋が多いが最近は一人部屋もある。要介護度が高い人が優先なので入るのに2、3年は待たねばならない所が多い。

グループホーム

痴呆の人が入るホーム。個人の家を改築して、少数の痴呆の人が拘束などを受けないで生活できる。NPO法人などの運営が多い。グループリビングは健康なシニアが入居するもので、間違われやすい。

ケア付き高齢者住宅

60歳以上の健康な人が入れる。自治体の運営なのでまだ少ないが、今後増えると思われる。介護が必要になれば専用棟などに移り、終身いられるのが魅力である。

シニア住宅

高齢になって家賃の支払いが不安な人に、一時払いの終身年金保険に加入すると入れる公団公社運営の住宅。ただし、一時払いが負担になるので、家賃が将来ずっと払える見込みのある人は、55歳から入れる。
高齢の親と55歳以上の子どもが一緒に入ることも可能である。介護サービスは、住宅と同様の扱いで外部から導入される。

ケア付きマンション

民間企業・個人などの運営で、最近増えている。有料老人ホームに比べて入居基準がゆるい。友人同士で入ったり、年齢も制限がないなど子どもと同居できるのが魅力だが、介護サービスの確実な保証がない。ある程度、自己責任で介護サービスをまかなわねばならない。

❀ 高齢者サービス付きマンション

　自己所有になるから、売却も可能である。共有施設として食堂、大浴場（温泉の所もある）、レストランや老人保健施設が併設されている所もある。ただし、通常のマンションと同様、補修などは自己負担になる。生活支援サービスや緊急通報システムを導入している所もある。

　入居は、自己責任により、専門家などの知恵を借りてよくチェックすることが大事。

❀ 厚生年金有料老人ホーム

　「老齢年金」の受給者と、その配偶者。65歳以上の自立した高齢者。期間は最長3年間。短期入居であれば、一般の人も利用できる。温泉地などで、スポーツなど楽しみたい人に適している。

❀ 有料老人ホーム

　60歳以上の高齢者を対象に、常時10人以上が入居していることが、老人福祉法により義務づけられている。経営は民間の法人や個人など誰でもできるが、約款に違反があったりした場合、厚生労働大臣、都道府県知事は改善命令など必要な措置をとる。入居金や月々の軽費には、大きな差があるので、契約は慎重に。体験入居などが大事である。

A. 終身利用（同一施設介護）型。ただし、要介護者になると専用の介護室に移したりする。

B. 終身利用（提携施設介護）型。要介護者は提携施設に移される。利用権はそのまま追加費用なし。

C. 提携施設移行型。重度の介護が必要になると契約解除し、別施設に移され、新たに入居金が必要。

宅老所・グループホームについて知りたい方は──

有料老人ホームには、利用権方式、賃貸方式、分譲方式がある。有料老人ホーム協会ではパンフレットをだしている。　TEL:03-3272-3781

宅老所・グループホーム全国ネットワーク事務局は、毎年、交流会を行っている。　TEL:022-719-9248

全国コミュニティライフサポートセンター　TEL　022-719-9240

全国社会福祉協議会は、福祉人材バンク、生活支援などを行っている。組織の中にボランティアセンターが置かれ、ボランティア相談、情報提供などを行っている。　TEL:03-3581-4656

介護用のユニット住宅

介護保険が始まり、在宅で介護をするとヘルパーさんや訪問看護など知らない人が訪ねてくることが多い。家族は介護で疲れている所に、知らない人がくるとなると留守もできないとか、部屋も整理きれいにしておかなければならないとか、気を使うものです。また、大切なものがなくなったとか、お互い気分の悪いトラブルもおこりがちになる。かといって、施設に入るのは嫌な高齢者が多く、なるべく家族の住む所と近い場所にいたいのも人情。介護を前提としたユニット住宅やユニットの部屋を用いてみるのもよいでしょう。中には、犬小屋みたいでイヤという人もいるが、トラブルをなるべく避け割り切ってしまえば合理的手段ともいえる。住宅メーカーなどでは介護用のユニット住宅やユニットトイレ・バスなどを販売しているところも多いので一度各メーカーに問い合わせしてみましょう。

介護される者の心得

介護をする人の心得は書籍などでよく見かけますが、介護を必要とする側にも心得が必要です。
周りの人に当り散らして介護者に嫌な思いをさせるというのは介護の現場によく見られる悪い状態ですが、心がけ一つでこの泥沼から抜け出すことも出来るのです。
自分の介護をしてくれる人とはこれから長い付き合いになります。介護を受ける立場になったら、あまり悲観せず、一緒に楽しく過ごせる道を探しましょう。

介護される達人になろう（体験者の声より）

◇ 介護食に慣れよう

最近は介護食のレトルト食品がずいぶん増えた。健康なときに食べると、あまりおいしく感じられないが、介護食を作るのはかなり手間がかかる。わがままをいわず、レトルト食品に慣れるのも介護者への思いやりでもあります。

◇ 介護者の選択に、なるべく文句をいわない

私の両親は、二人とも介助および介護が必要になってから、文句をいわなかった。家庭用吸痰器を使うときなど表情で苦しいのがわかるが、イヤだとはいわなかった。介護される者が介護者に協力的なのは助かります。

◇ 自分ができる範囲で資金を蓄えておこう

介護が必要になったとき、本人が十分な預金を蓄えており、自由に使えたので助かった。専業主婦だと、自分の親と同居の場合、介護費用を夫の収入から出すのは気がひけるので、親にまとまった預金があれば介護をとても楽にしてくれると思います。

◇ 介護資金を用意しておこう

葬式費用を預金している人はいるが、介護費用を準備している人は少ない。むしろ介護費用の方が重要なので早くから備えが必要です。

◇ 介護機器に慣れよう

介護機器は、なるべくレンタルにする。ベッドのマットレスでも最近は衛生的に殺菌処理してあるから、安心して借りることができます。

長く使うのであれば、リハビリしやすく高さも調節できるものを買うのもよいが、寝たきりになってから使うのであれば、病人の状態は変わりやすいので割高でもレンタルがよいでしょう。

私の経験では、ベッド、床ずれ防止エアマット、ポータブルトイレ、シャワーチェアなどは必需品です。他に小物、体位交換クッション、介助食器、着脱しやすい寝巻きなど、いろいろある。介助用品を上手に使って介助者の労力をなるべく少なくしましょう。

◇ 孤独に強くなろう

高齢になるとつい食べこぼしたり、入れ歯を食事中にはずしたりする。若い人には耐えがたく不潔に見えるものです。

自然に食事は若い家族だけになり、老人は別室で食事を運んでもらう形になりやすい。自分だけ疎外された気分になるものだが、むしろ好きなテレビを見ながら、時間も気にせず食べられてかえって気楽だと思うようにすれば、さみしくありません。

編物や大きな文字の本を選んで読書したり、カセットテープで音楽を聞いたり、一人でも楽しめることを探して疎外感を上手にかわしましょう。

◇ ディサービスは進んで行こう

どうも高齢者は、高齢者が嫌いなようだ。私の両親も「老人会」など嫌いで、家が一番落ち着けるといっていました。たぶん、今生きていても、ディサービスなど絶対にイヤだというでしょう。せっかく介護保険があるのに、介護サービスを受けるのは本当に寝たきりになってからという人が、まだまだ少なくない。ディサービスに行けば、お風呂に入れる。昼食だけでも家族に楽をさせられると思って、慣れるようにしましょう。

◇ 「ありがとう」がいえる親になろう

自分の子供に「ありがとう」というのは元気なうちからの習慣がものをいいます。以前、「かわいいおばあちゃんになりたい」という言葉が流行った。かわいくなくてもよい。何かしてもらったら「ありがとう」というだけで、介護する人は元気がでるものです。育ててやった子供に「ありがとう」な

んてというかもしれないが、育ててやったのではなく、育てさせてもらった(子供の成長は、親にとって生きがいだったはずです)くらいの気持ちを持つことも大事です。

◇ 施設・病院を見ておこう

気力・体力があるうちに高齢者施設、病院(待合室に座っているだけでもよい)などを複数見学し、居心地を試しておくのもよいでしょう。

・見学した病院・施設

認知症と向き合う

物忘れ・認知症・アルツハイマー…正確に言うと全て違うのですが、どれも過去の出来事を忘れてしまい、生活に支障が出るこわいものです。
原因が何であれ、年をとるにしたがい記憶があやふやになるのは避けられないことです。
残念ながらそれらの有効な治療法はまだ見つかっていません。それならば、少しでも記憶がはっきりしているうちに自分の好みや意向を書き記して、介護してくれる人にメッセージを残しておきましょう。

認知症かも?!チェックリスト

※これらのチェックリストはあくまでも目安です。認知症の判断をするためのものではありません。

- ☐ 財布の中に現金が少ないのにたくさん物を買おうとしたことがある
- ☐ 固有名詞に「あれ」「それ」が増え、話相手に「あれ、ってどれのこと？」と聞き直されることが多くなった
- ☐ 家族に服装のことで注意される
- ☐ 出かけようとすると家族があわてて引き止めに来る
- ☐ 最近動き回るのがおっくうだ
- ☐ お風呂に入るのが面倒くさい
- ☐ 着替えをしたくない
- ☐ 服装にこだわらなくなった

- ☐ 外出の途中で行き先が分からなくなった
- ☐ 探し物が多くなった
- ☐ 家族や友人との会話の内容を思い出せない。会ったことすら記憶にない
- ☐ 最近、家族や友人が会話の途中で困ったような顔をする事が増えた
- ☐ わけもなくイライラする事が多くなった
- ☐ ついうっかり、が多くなった
- ☐ 同じ事を何度も尋ねたり話したりしているらしい
- ☐ 買い物で、今買わなければいけないような強迫観念に駆られる
- ☐ 同じ商品を必要以上に大量に買ってしまう
- ☐ 夜中にトイレに行く回数が増えたが、毎回あまり出ない
- ☐ トイレットペーパーやティッシュペーパーを畳んでポケットに入れておかないと不安になる
- ☐ なんでもポケットに入れておきたくなる
- ☐ 最近周囲の人たちがよそよそしくなった
- ☐ すでに持っている物を何度も買ってしまう
- ☐ 自宅の部屋の配置がわからなくなる
- ☐ 盗難にあったと勘違いしたことがある
- ☐ 歩幅が狭くなり、膝から下の動きのみでちょこちょこ歩くようになった

※13個以上チェックがつくようなら一度専門医に相談をしてみましょう。

最後の花道を飾るために

全財産、どれだけある？

財産、と一言で言ってもお金の話だけではありません。親から譲り受けた土地・あなた名義の不動産・タンスの奥にしまったままの貴金属や着物・絵画や骨董品など…これらも全てあなたの財産です。
ここで書き出したものは後の項目『遺言書をつくろう』で必要になります。遺産相続の際、あなたの遺産は遺族に分配されますので、今ここで改めて何が自分の物なのか、それらがどこに保管してあるのかを思いつく限り書き出してみましょう。

資産の状況を簡単に書き出してみましょう

◇銀行

◇郵便局

◇証券会社

◇株券

◇生命保険

◇火災保険

◇傷害保険

◇その他の保険

◇不動産

◇宝石・貴金属

◇着物

◇美術品

◇骨董品

誰に何をあげようか

前頁で書き出したあなたの全財産は、あなたがこの世から旅立った際に遺族へと相続・分配されます。
このとき誰に何を渡したいのかを明確に言い残しておかないと、あなたが望まない形で処分されてしまうかも知れません。今まで大切にしてきた物は、自分の死後も大切にしてもらいたいと望むのであれば最良の形でそれらの物を渡せるように、ここではメモ書き程度で構いませんので誰に何を渡すのかを書いておきましょう。

親戚は何人いますか？

◇遺産分配したい人

◇親戚だけど分配したくない人

◇友人などで、財産(お金など)以外の大切な物をあげたい人

後見人を選ぼう

認知症などで判断能力が低下してしまった場合、自分で自分の財産を守ることが難しくなってきます。
そんな時のために、『後見制度』というものがあります。
後見制度には『任意後見制度』『法定後見制度』があり、それぞれ後見人の選定方法などが違っていますが、いずれもあなたの財産を守り、生活に支障をきたさないようにするための制度です。
もしもの時の財産管理方法として、こういった制度を良く知っておくのも一つの手段です

任意後見制度について

◇任意後見制度を一言でいうと？

　将来自分の判断能力が低下したときのために、あらかじめ法律行為の代理人を選んでおく制度です。既に判断能力が低下している場合、この制度を使うことはできません。この場合は法定後見制度あるいは地域福祉権擁護事業の活用を考えます。

◇どのように手続をすればよいですか？

　まず、任意後見人、任意後見監督人、それと任意後見契約の内容を決定して下さい。同時に財産目録を作成します。それらの決定事項を公正証書にするために公証人役場で手続を行います。後に、本人の判断能力が低下した場合、本人から、あるいは本人の同意の上で親族等から家庭裁判所に任意後見開始の手続を行います。

これらの手続は、自分で行うこともできますが、行政書士、司法書士、税理士、弁護士に依頼するのが確実です。

◇いつ準備をすればよいですか？

一言でいうと、人生設計が固まったときとなります。心身共に健康で、まだ自分でやりたいことができるうちに、将来を考えて準備をして下さい。

◇後見人には何らかの資格が必要ですか？

ほぼどなたであっても構いません。複数の後見人を選ぶことも、法人を後見人とすることもできます。ご家族よりお一方を選ぶ例が多いですが、近所の親しい知り合いの方や、専門家を選ぶことも可能です。

また、財産管理の面を重視する方のために、信託銀行がこの業務を展開しています。

◇公的な後見制度はありますか？

任意後見制度に間に合わなかった場合、即ちすでに判断能力が低下している場合のために、法定後見制度があります。

法定後見制度の場合、自分の意志を盛り込むことができないため、どうしても画一的な後見制度になってしまいがちです。

◇任意後見の解約はできますか？

判断能力が衰えたことにより任意後見が開始される前であれば、本人の意志で解約できます。

この場合公証人役場での手続が必要です。任意後見開始後の解約の場合、家庭裁判所に許可を求めることになります。

任意後見開始後というのは、既に本人の判断能力が低下している状況ですので、この段階で解約するには手続的にかなり大がかりなものが必要となります。無論、任意後見人に不正その他のあってはならないことが行われた場合、解約を行うべきです。

◇後見人をチェックする制度はありますか？

後見人監督人制度があります。任意後見の場合、この監督人を誰にするかもあらかじめ選ぶことになります。

後見人同様、ほぼどなたであっても後見監督人となることができます。

後見監督人は、判断能力が低下した本人に代わって後見人をチェックします。

◇後見人に通帳を預けるの？

預けないこともできないではありませんが、預けた方が便利です。

後見人が勝手に預金を下ろしたり、ましてやそれを使い込んだりしたことが判明した場合、上記後見監督人によりそのものは後見人を解任され、また損害賠償を請求されます。

判断能力の低下した自分を信頼するより、契約により拘束された後見人を信頼する方がより安全です。また、手元にある程度現金がないと不安な場合、または特定の預金については後見人に頼むのではなく自分自身で管理した場合については、その旨をあらかじめ任意後見契約に盛り込む

ことにより、それを実現することが可能です。

　いずれの場合であっても、当初の財産目録作成のときはそれを含める必要があります。

◇後見人にどこまで頼めるの？

　法律行為以外のことを頼むことはできません。それは任意後見契約の他に別個の契約を結びます。この別個の契約は、任意後見契約に並行して準備します。

◇任意後見契約にかかる費用はどのくらいでしょうか？

　判断能力が低下する前の契約締結の段階で、公証人役場に払う手数料が5万円前後です。

　この他に、契約内容を決定するために相談した専門家に支払う報酬が発生します。一般的なケースで10万円前後から、細かいところまでしっかり規定した契約書を作成する場合、30万円弱の報酬となります。任意後見を開始する手続きを行う場合の家庭裁判所に対する手続きは、これに含まれていません。また、任意後見が開始してからの、後見人に支払う報酬は、月2回程度の訪問と土地建物、預貯金、有価証券、保険の管理保管、というモデルケースで月3万円前後が想定されています。

◇親族と後見人、後見監督人の関係は？

　後見人、後見監督人と親族との間で意見の対立が生じることも考えられます。その場合、後見人および後見監督人はあくまでも任意後見契約に

拘束されるため、本人が結んだ契約のみに従って行動します。それを親族が止めることはできません。

◇後見が開始されると、法的に影響を受けたり、制限されることはあるの？

後見制度の前身とされる禁治産制度の頃には、その宣告を受けた場合、官報に公告がなされ、さらに宣告を受けたことが戸籍に記載されておりました。

しかし後見制度の開始に伴い、公告も戸籍への記載もなくなり、その代わりに登記を行うことになりました。

この登記がなされているかどうかについての証明書は、不動産登記や商業登記と異なり、一般には公開されていません。

プライバシー保護の観点からは、格段の進歩を遂げました。また、日常生活に関する行為については、制限されることはありません。

◇この他に頼めることはありますか？

任意後見の前後を埋める契約をするべきです。これと本体たる委任後見契約を総称して移行型の任意後見契約といいます。

任意後見の前というのは、判断能力が低下する前の段階のことです。

たとえ判断能力が低下する前であっても、身体能力が低下して法律行為に支障をきたす場合のために、任意後見人（候補者）を受任者とする契約を結び、後見人同様に働いてもらうことができます。

また、これにより将来の後見人の働きっぷりを自分で確認することができますので、その観点からもお勧めです。

また、任意後見の後というのは死亡後のことです。遺言書の作成も同時に行いましょう。

※任意後見、遺言、相続など法律的なことを、行政書士・石田知行さん（高齢化社会をよくする虹の仲間会員）に相談したいときはTEL:045-222-3808

最後のラブレター・遺言書をつくろう

前頁で書き出したあなたの全財産をだれにどう分配するのかは、あなたの死後に誰が見てもわかりやすいようにしておく必要があります。遺言書には紙とペン、印鑑があれば誰でも作れる物と、証人を必要とする物など種類がいろいろあります。

死んでしまったらもう誰ともお話し出来ません。誰に何をどう残し、大切にしてもらいたいのか、はっきりと言い残して、大切な人たちに向けてあなたからの最後のラブレターを書きましょう。

簡単な遺言書の書き方　*右ページのひな形を参照

1. 必ず**自筆**で書くこと。(パソコンでの出力・録音やビデオは無効)
2. 日付は新しいものが優先される。「〇月吉日」などは無効。書いた日をしっかり書く。夫婦で連名は無効。必ず一人。署名、捺印(実印でなくてもよい)する。子どもがいない場合、すべて配偶者が相続するわけではなく、親にも遺産相続の権利がある。

	自筆証書遺言	公正証書遺言	秘密証書遺言
必要な物	ほとんどかからない	公証役場手数料(16,000円〜)、証人依頼代	公証役場手数料(11,000円〜)、証人依頼代
主な特徴	経費がほとんどかからず、証人も不必要なので誰でも手軽に用意することが出来る。	家庭裁判所の検認は必要ないが、公証人が作成するため変造や破棄の恐れが少ない。紛失の際は再発行してもらえる。手数料、再発行料など経費がかかる。	公証役場に提出するために作成日の指定ができる。経費は定額。遺言の存在を秘密には出来ないが、内容を秘密にすることが出来る。しかし、あまり一般的ではなくお勧めはしない。

遺言状の書き方・例（必ず自筆で作成すること）

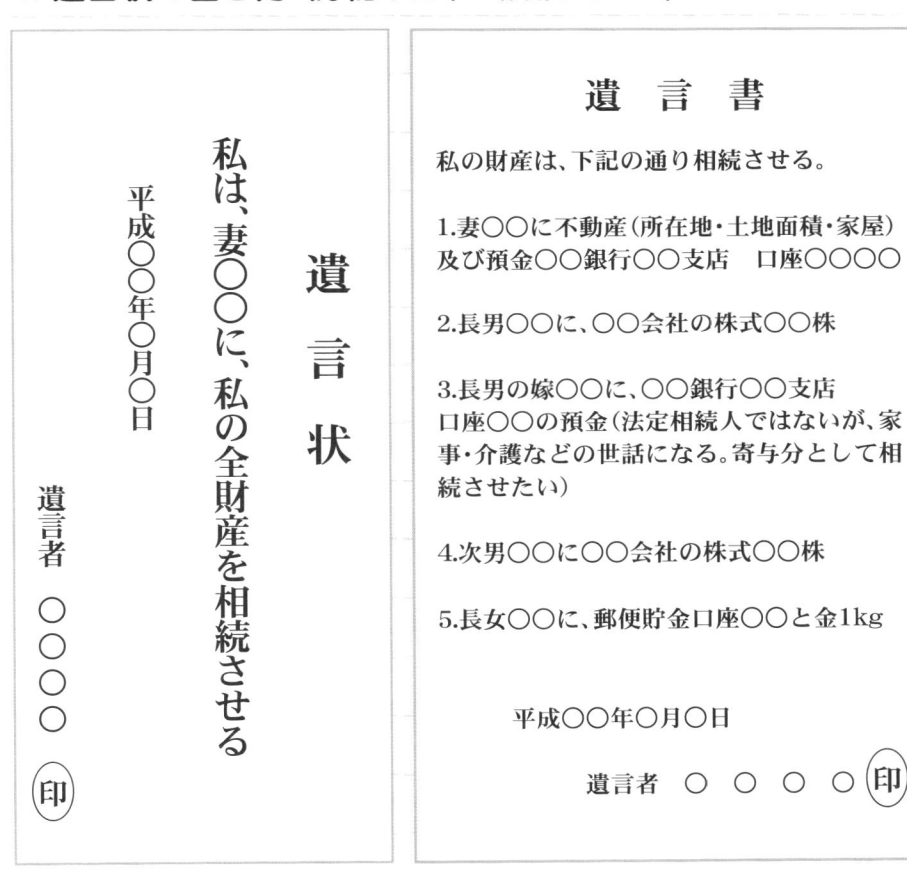

遺言書

私の財産は、下記の通り相続させる。

1. 妻○○に不動産（所在地・土地面積・家屋）及び預金○○銀行○○支店　口座○○○○

2. 長男○○に、○○会社の株式○○株

3. 長男の嫁○○に、○○銀行○○支店口座○○の預金（法定相続人ではないが、家事・介護などの世話になる。寄与分として相続させたい）

4. 次男○○に○○会社の株式○○株

5. 長女○○に、郵便貯金口座○○と金1kg

平成○○年○月○日

遺言者　○　○　○　○　㊞

遺言状

私は、妻○○に、私の全財産を相続させる

平成○○年○月○日

遺言者　○○○○　㊞

◇ アドバイス ◇

縦書きでも、横書きでもよい。自筆、日付、署名、印、誰に何を相続させるのか分かるように書き、封筒に入れてしっかりと封印する。封筒の表面に「遺言状」と書き、裏面に自筆で名前を書き保管する。そうしておけば自分の死後、家庭裁判所で封印が解かれた時に法的な効力を持つ。なお、**ワープロやパソコンで作成・プリント出力したものは無効**となるので注意。

終末医療、尊厳死というもの

これからは死に方も自分で選ぶ時代です。ただこれも前もってあなたの意志を明確にしておかなければ、家族や医師の判断であなたの望まない処置を受けることになってしまいます。

他ならぬあなたの体のことです。重い病に冒された時、少しでも長く生き永らえたいと望むのか、延命の治療をせずに、自然に訪れる死を待つのか、あなたの意志を今のうちに固めて家族とよく話し合っておきましょう。

尊厳死について

下記の協会でいろいろアドバイスしてくれます（会員制です）。

◇日本尊厳死協会事務局（〒113-0033　東京都文京区本郷2－29－1

渡辺ビル201

TEL：03-3818-6563

FAX：03-3818-6562

年会費……2000円（夫婦の場合3000円）

※連絡をすると、事務局から入会申込書、資料を送付してくれる。点字用もある。

◇**参考**(前記協会の趣意書にある「宣言書」です)

私たちはいつの日か、不治かつ末期の症状におちいり、意思を表明できなくなります。そのことを予想して、末期医療についての要望を書面にしたためておいて、近親者が代わって、いつでも医師にそれを示せるようにしたのが「宣言書」です。

自分にとっても、家族にとっても、非常にデリケートな問題なので、今の内にしっかりと話し合って書きとめておきましょう。

最後の花道を飾るために

❁ 人生最後のセレモニー ❁

あなたが主役の最後のセレモニー…それが葬儀です。でも、主役であるにも関わらず、すべて人任せ。最後くらいは自分の意志を反映させ好きな物に囲まれて旅立ってゆきたいものです。そのために、あなたの希望をメモにして残しておきましょう。
最近は葬儀も多様化して、音楽葬や樹木葬、散骨などもありますがまずは菩提寺や所属の教会などに相談するとよいでしょう。

❁ 葬儀について

葬儀の宗派はもめるもと。子どもが特別な宗教に入っていたりすると、強引に主張したりします。例え、介護で世話になったとしても、自分の葬儀のことはきちんと自分の意志で伝えておきましょう。
最近の葬儀は多様になり、音楽葬、友人葬などのほか、ホテルで行う葬儀も増えました。家族形態が変わって、例え長男の嫁であっても、地方の夫の墓に入るのはイヤという人も少なくないので、菩提寺や所属教会に相談するのがトラブルを防ぐコツであり、よりよい葬儀につながります。

◇葬儀の相談窓口
「葬儀社総合案内センターコネクト」では、24時間365日無料で、葬儀に関する費用や内容などの相談を受け希望通りの葬儀ができるよう対応してくれる。　　株式会社コネクト TEL：0120-98-2229

◇散骨をしている葬儀社

セキセー株式会社では、散骨代行を行っている。年に2回、横浜の「みなとみらい21・ぷかり桟橋」からクルーザーが出港し、富士山の見える相模灘沖で散骨する。希望者は、桟橋で船の出港を見送り、お別れの場とすることができる。

TEL：052-763-1181　FAX：052-759-1208

アイキャン株式会社では、船による散骨は東京湾、相模湾、伊豆沖、ハワイ、オアフ島で行う。費用は例えば東京湾で13人乗りの船をチャーターすると約16万円。委託散骨約6万円。ヘリコプターからの散骨もある。

TEL：042-584-5555　FAX：042-586-6011

NPO法人「葬送の自由をすすめる会」では6〜20万円で観音崎などに散骨している。　TEL：03-5684-2671

家族（配偶者）が死亡したときの事務手続き

夫（妻）が死亡した場合は、すぐに次の手続きをする。

◆働いている人が亡くなったとき

1. 勤務先の整理

   あいさつ回りをかねて、できるだけ早い時期に故人の勤務先を訪ね私物の整理をする。家にある会社関係の書類、カギ、バッジ、身分証明書などを返す。

2. 給与精算、退職金、社会保険などの確認

   故人が勤務先で加入していた保険や年金などを確認し必要な手続きを行う。

- 最終給与の受け取り
- 健康保健証の返還と埋葬料の受給申請
- 退職金の有無とその受け取り
- 厚生年金の有無とその受け取り
- 厚生年金の「遺族厚生年金」の受給申請
- 生命保険(団体生命保険)の死亡保険請求手続き
- 社内預金の有無と受け取り

以上の手続きは勤務先の会社が代行してくれる場合もあるので、問い合わせてみるのがよいでしょう。

◆無職の人が亡くなったとき(退職した夫・専業主婦など)

1. 厚生年金の受給申請(遺族厚生年金)

故人の厚生年金手帳、戸籍謄本、死亡診断書、住民票(世帯全員のもの)、請求書の年収証明書などを添えて、社会保険事務所に申請する。

※600万以上の年収がある人は「遺族厚生年金」を受給することができない場合がある。

2. 国民年金の受給申請

申請先：市区町村役所「国民年金課」

申請方法：「国民年金遺族基礎年金裁定請求書」に必要事項を記入し、年金手帳、戸籍謄本、住民票(世帯全員)を添えて申請する。

◆その他の事務手続き

1. 生命保険などの受け取り

被保険者の氏名、保険証書番号、死亡月日などを電話で保険会社に知らせる。必要書類をととのえ申請する。

2. 簡易保険などの受け取り

郵便局の窓口で保険請求書類を受け取り、必要書類を添えて申請する。

3. 生命保険つき住宅ローン

ローン借入先の金融機関に連絡して、必要な手続きを行う。

4. 不動産、株券、預貯金、電話、自動車などの名義変更を行う。

※遺産相続にともなう名義変更手続きには、相続者個人が簡単にできるものから、公的資格が必要なものまで、いろいろあるので詳しいことはそれぞれの関係窓口に聞く。または税理士などに依頼する。

＊参考(行政がサービスを行っている場合がある)＊

例：東京都中野区「老人の財産保全・管理サービス」

このサービスの内容は、まず老人が持っている現金や預貯金通帳、有価証券、証書、などを指定の銀行に預けて財産の保管、預貯金の出し入れ、公共料金その他の支払い、病院の支払い、入退院の手続きを行う。

また、生活相談なども受けている。

・利用できる条件・

1. 65歳以上の区民であること

2. 一人暮らしか高齢者だけの地帯

3. なんらかの理由で財産管理が困難であること

4. 本人の意思が確認できること

※東京都品川区でも、同様なサービスを行ってる。特に一人暮らしの人は、自治体のサービスについてよく調べておくことが大事。もし、引っ越す場合はサービスのよい地域を選択することも大事である。

つくってみよう！マイデータブック

私のプロフィール

ふりがな	
名前	
生年月日	血液型
現住所	
電話番号	
本籍	
学歴	
誕生から現在までの移転歴	
家族構成	
緊急連絡先①	
緊急連絡先②	

私のおつきあい

親戚付き合い（父方）	
親戚付き合い（母方）	
親戚づきあい（配偶者方）	
ご近所さん	
母校・同窓生	
習い事関連	
大切な友人	

すきなもの・きらいなもの・やりたいこと

好きな食べ物	
嫌いな食べ物	
好きな色	
嫌いな色	
好きな服、着やすい服	
嫌いな服、着づらい服	
好きな肌着の素材	
体が動くうちは自分でやりたい家事	
毎年行っている年中行事	
元気なうちに行っておきたい場所	

読みたい本	
見たい映画	
のんびり行って みたい場所	
会っておきたい人	
今後チャレンジ してみたい習い事	
出来る限り 続けたい習い事	

P20「自遊時間、何がしたい？」で答えた事を具体的に考えましょう。
習い事はどこで出来る？旅行に行くなら何に乗ってどう行くのがお得？
今のうちにパンフレットなど集めておくと便利です。

かかりつけの病院

病院名	科	担当医	現在の治療方法

かかりつけの病院に、今後必要になりそうな科（内科、外科、眼科、呼吸器科、整形外科、脳神経外科等）が無い場合は、先に良い病院を調べておくことも大切です。

今後通院の可能性のある病院

病院名	科	住所	電話番号

処方されている薬	治療期間	備考

いざ入院！となったとき、いったい誰にそのことを連絡すればいいのかわからなくなってしまいがちです。いまのうちに書き出しておきましょう。

自分が入院した際に連絡して欲しい人

氏名	住所	電話番号	備考

現在までの病歴（病気・ケガ）・治療経過

何歳の時	病名	治療、入院した病院	担当医

入院する際などに聞かれることの多い事柄です。
今のうちに覚えている範囲で書き出しておきましょう。

現在への影響	アレルギーが出たり気持ち悪くなった薬等、治療の際に気になった点

見学に行った地域サービス（文化センター・地域プラザなど）

施設名		見学日	
住所 〒		電話　（　　　）	
利用の際に必要な物 （費用・書類など）	あなたの感想		
利用の仕方			

施設名		見学日	
住所 〒		電話　（　　　）	
利用の際に必要な物 （費用・書類など）	あなたの感想		
利用の仕方			

施設名		見学日	
住所 〒		電話　（　　　）	
利用の際に必要な物 （費用・書類など）	あなたの感想		
利用の仕方			

施設名		見学日	
住所 〒			
		電話　　（　　　　）	
利用の際に必要な物 （費用・書類など）	あなたの感想		
利用の仕方			

施設名		見学日	
住所 〒			
		電話　　（　　　　）	
利用の際に必要な物 （費用・書類など）	あなたの感想		
利用の仕方			

施設名		見学日	
住所 〒			
		電話　　（　　　　）	
利用の際に必要な物 （費用・書類など）	あなたの感想		
利用の仕方			

見学に行った福祉施設（福祉センター・老人ホームなど）

施設名		見学日	
住所 〒 電話　（　　）			
利用の際に必要な物 （費用・書類など）	あなたの感想		
利用の仕方			

施設名		見学日	
住所 〒 電話　（　　）			
利用の際に必要な物 （費用・書類など）	あなたの感想		
利用の仕方			

施設名		見学日	
住所 〒 電話　（　　）			
利用の際に必要な物 （費用・書類など）	あなたの感想		
利用の仕方			

施設名		見学日	
住所 〒			
	電話	(	)
利用の際に必要な物 （費用・書類など）	あなたの感想		
利用の仕方			

施設名		見学日	
住所 〒			
	電話	(	)
利用の際に必要な物 （費用・書類など）	あなたの感想		
利用の仕方			

施設名		見学日	
住所 〒			
	電話	(	)
利用の際に必要な物 （費用・書類など）	あなたの感想		
利用の仕方			

生命保険・火災保険など、各種保険一覧

会社名	契約番号	種類	保険料	保障

保険証・証明書保管について

証明書	番号	保管場所	備考
印鑑・登録カード			
健康保険証			
老人保険証			
介護保険証			
年金証書			
パスポート			
貸金庫			
貸金明細			
借金明細			
特記すべき情報　（※漏洩注意）			

担当者	満期年月日	満期保険金	受取人	備考

金融資産の状況と保管について

金融機関名	種類	口座番号	名義	保管場所	備考

特記すべき情報（※漏洩注意）

月々の支払い・振り込み・引き落とし一覧

項目	金融機関	決済日	口座番号	金額（目安）	備考
電 気					
ガ ス					
水 道					
電 話					
新 聞					
各種保険					
税 金					
年 金					
TV受信料					
家 賃					
習い事					

特記すべき情報

わたしの系図

子供達や孫、夫の家族…たくさんの大切な人たち。
あなたのまわりの人々を系図で表してみましょう。

私

預貯金以外の各資産について

不動産	
貴金属	
絵画・書	
着物・洋服	
陶器・食器	
ペット	
形見分けについて特筆すべき点	

家族・親戚の連絡先

氏　名	間柄	住　所	電話番号

死亡した際に知らせて欲しい大切な友人・知人

氏　名	住　所	電話番号	自分との関連

葬儀に向けて お花や音楽など、あなたの希望を書いておきましょう。

好きな言葉	
好きな音楽	
好きな花	
信仰している宗教	
お寺や神社 お墓の場所	
式の執り行いについて	
棺に入れて欲しいもの	
備考	

葬儀用の写真を貼ろう 遺影で使う写真を自分で選んでおきましょう。

ここに写真を貼って下さい。

写真はネガがあれば、より綺麗なものを作ることができます。
また、デジタルカメラで撮影したものはそのデータをCD-ROMに焼いておくと良いでしょう。
写真にしろ、ネガ・CD-ROMにしろ、遺された家族がわかりやすい形で保管しておくことが大切です。

ちょっと待って!! 落ち着いて!!
その電話、振り込め詐欺かも?!

「○×を販売する副業を始めたんだけど、資金に困って会社のお金に手をつけてしまったんだ。今日、会社に監査が入るらしいから、急いでお金を振り込んで助けて欲しいんだ！」

犯罪者はこんな手口であなたを騙してきます

「社会保険庁の者ですが、払いすぎた年金の還付金があります。すぐに手続きしないと返金できなくなってしまいますので、大至急携帯電話を持ってコンビニのATMに行って下さい！」

似たような電話がかかってきたら、まず深呼吸。

1. 慌てない。動揺しない。
2. 家族にしかわからないことを質問する。
3. 必ず本人や関係行政機関に問い合わせる。
4. 振り込む前に家族と話をする。
5. 警察に相談する。

家族の連絡先・最寄りの警察署・税務署・社会保険事務所など、あらかじめ調べておきましょう

名　前	電話番号	名　前	電話番号

※このページをコピーして電話の前に貼っておきましょう

通帳の間に挟んで最終チェック!!

このカードを点線で切り取り、通帳ケースに入れるか、間に挟んでおきましょう。(※このページをコピーして使用して下さい)

使い方1

使い方2

◆**使い方**◆

1. このページを原寸でコピーする
2. 点線に沿ってはさみで切り取る
3. 通帳と一緒にケースに入れておくか、通帳の間に挟んでおく

振込手続きの前にもう一度確認！

- 慌てていませんか？動揺していませんか？
- 電話をしてきたのは、間違いなく家族(関係行政機関職員)でしたか？
- 振り込む前に家族と話をしましたか？
- 「時間がない」「手続きが間に合わなくなる」等の言葉でせかされていませんか？
- 警察に相談しましたか？

少しでも怪しく思ったら、すぐに手続き中止を！

コピーしてから切り取って使用して下さい

言いつくせない想い

この他につけたしたいもの・書きたりないものがあればここに書きとめましょう。

❀ わたしが歩いた長い道 ❀

大正から平成まで、各時代の重大ニュースや出来事をわかりやすく年表にまとめました。
年表の右側は、あなた自身のその時代の出来事を書き込める『自分史スペース』になっています。
あの時代にあった懐かしい出来事に思いを馳せながら、あなたの歩んできた道のりを振り返ってみましょう。

※出来事は大体ですが、ニュース、流行語、テレビ・映画の話題作、流行歌（レコ大）、ベストセラーの順に並べてあります。

~1933年

～大正14年

* 大正9年 8/14 第7回オリンピック開催(ベルギー・アントワープ)
* 大正10年 11/4 原敬首相、東京駅で中岡良一に刺殺される
* 大正11年 11/18 アインシュタイン来日
* 大正12年 9/1 関東大震災が起こる。死者行方不明者9万余人、全壊焼失46万余戸
* 大正13年 1/25 第一回冬季オリンピック開催(仏・シャモニー)
* 大正14年 11/1 山手線の環状運転開始
* 「十五夜お月さん」「赤い鳥小鳥」「赤とんぼ」「砂山」「しゃぼん玉」「籠の鳥」「どこかで春が」「証城寺の狸囃子」「からたちの花」
* 栗島すみ子「虞美人草」で爆発的人気
* 「週間朝日」「サンデー毎日」「文芸春秋」が創刊

大正15年＝昭和元年(1926年)

* 8/6 東京・名古屋・大阪のラジオ局が統合し、日本放送協会(NHK)として全国統一放送局となった
* モボ(モダンボーイ)、モガ(モダンガール)が銀座を闊歩
* 「紫頭巾」市川右太右衛門、「日輪」岡田嘉子
* 「酋長の娘」「この道」
* 川端康成「伊豆の踊子」を「文芸時代」に連載

昭和2年(1927年)

* 7/10 岩波文庫刊行。文庫本のはじまり
* 7/24 作家・芥川龍之介が東京・田端の自宅で自殺
* 「忠治旅日記」大河内伝次郎、「稚児の剣法」林長次郎(長谷川一夫)、「万華地獄」片岡知恵蔵、「角兵衛獅子」嵐寛寿郎など時代劇が人気
* 「赤とんぼ」「汽車ぽっぽ」
* 佐藤紅緑「ああ玉杯に花うけて」連載開始

昭和3年(1928年)

* 5/21 野口英世、西アフリカで黄熱病の研究中に病死
* 崎陽軒、箱入りシューマイ発売
* ワーナーブラザーズ、世界初のトーキー「ニューヨークの灯」製作
* 「結婚二重奏」「十字路」
* 「出船」藤原義江、「波浮の港」「椿姫」佐藤千夜子「君恋し」「ヴォルガの舟歌」「モンパリ」二村定一

122

~1933年

昭和4年(1929年)

* 4/15 大阪・梅田に初の本格ターミナルデパート・阪急百貨店開店
* 小西本店が国産フィルムを発売、写真が国民の間に広まる
* 「東京行進曲」「紅屋の娘」「道頓堀行進曲」「モン巴里」
* 島崎藤村「夜明け前」を「中央公論」に掲載

昭和5年(1930年)

* 4/1 東京・上野駅地下道に商店街オープン。地下街のはじまり
* 5/1 漫才師の元祖・横山エンタツ、花菱アチャコ、大阪・玉造の「三光館」でデビュー
* 7/13 サッカー第一回W杯、ウルグアイで開催
* 水の江滝子「男装の麗人」人気
* 「旗本退屈男」市川右太衛門
* 「すみれの花咲く頃」「夜の東京」

昭和6年(1931年)

* 8/25 羽田飛行場(現・東京国際空港)開港
* 長谷川伸「瞼の母」明治座で初演
* 「瞼の母」片岡千恵蔵「東京の合唱」「心の日月」入江たか子
* 藤山一郎「酒か涙か溜息か」大ヒット。「巴里の屋根の下」田谷力三
* 平凡社『大百科事典』刊行開始

昭和7年(1932年)

* 5/15 海軍青年将校らにより、犬養首相射殺(5.15事件)
* 3/1 満州建国宣言
* 7/30 ロサンゼルス・オリンピック開幕
* 「また逢ふ日まで」「金色夜叉」「忠臣蔵」
* 「天国に結ぶ恋」「涙の渡り鳥」

昭和8年(1933年)

* 5/20 大阪市営地下鉄が開通 日本初の市営地下鉄
* 8/1 東京で「東京音頭」の盆踊り流行
* エンタツ・アチャコの早慶戦漫才が人気 「ヨーヨー」「ロングスカート」流行 エノケン、ロッパが劇団「笑いの王国」を旗上げ
* 「伊豆の踊子」「丹下左膳」
* 「東京音頭」「山の人気者」
* 尾崎士郎「人生劇場」を「都新聞」に連載

1934年~1943年

昭和9年(1934年)

* 4/21 東京・渋谷に忠犬ハチ公銅像建立
* 一般家庭婦人にパーマネントが普及。結婚ブーム
* 東京市内にアパートブームが起こり、7階建て、暖房、エレベーター設備なども現れる
* 東京宝塚劇場開場
* 「赤城の子守唄」「国境の町」東海林太郎「並木の雨」「ダイナ」ディック・ミネ

昭和10年(1935年)

* 1/5 東京～箱根間大学駅伝(箱根駅伝)開催 日本大学が優勝
* 第一回芥川賞・直木賞発表
* 12/1 初の年賀郵便切手発行
* 「雪の国境」「旅笠道中」「野崎小唄」「二人は若い」「明治一代女」「もずが枯木で」「真白き富士の根」
* 吉川英治「宮本武蔵」を「朝日新聞」に連載

昭和11年(1936年)

* 10/5 立教大学登山隊が日本初のヒマラヤ登頂
* 11/4 東京駅に花売り娘が出現
* キューピー人形が流行
* 「真夏の夜の夢」日比谷映画劇場で初ロードショー
* 「東京ラプソディ」「ああそれなのに」「椰子の実」「うちの女房にゃ髭がある」
* 横山隆一「ふくちゃん」江戸川乱歩「怪人二十面相」連載始まる

昭和12年(1937年)

* 4/15 アメリカの三重苦社会事業家・ヘレン・ケラー来日
* 浅草に国際劇場開館
* 「オーケストラの少女」
* 「人生の並木道」「青い背広で」「裏町人生」「露営の歌」「山寺の和尚さん」
* 「雪国」川端康成、「少年探偵団」江戸川乱歩

昭和13年(1938年)

* 3/1 京都市内のタクシーにメーター制導入。11月に全国実施
* 7/15 昭和15年の東京オリンピック開催中止が決定
* 「愛染かつら」上原謙、田中絹代で劇場超満員。「路傍の石」
* 「愛国行進歌」「雨のブルース」「支那の夜」
* 「風とともに去りぬ」マーガレット・ミッチェル

昭和14年(1939年)

*1/15 69連勝中の横綱・双葉山、安芸ノ海に破れる
*藤原歌劇団「カルメン」初演
*「旅姿三人男」「九段の母」「大利根月夜」「上海の花売り娘」
*「風の又三郎」宮沢賢治

昭和15年(1940年)

*3/28 カタカナ名の芸能人に改名を指示
*8/27 国内ではじめて蛍光灯が使用される
*9/27 日独伊の三国同盟調印
*11/10 紀元2600年祝典でちょうちん行列
*第1回報国債券発売(宝くじ)、1等1万円が人気
*東京のダンスホール閉鎖
*「支那の夜」李香蘭
*「誰かが故郷を思わざる」「湖畔の宿」「蘇州夜曲」

昭和16年(1941年)

*2/11 東京・日劇に李香蘭が初出演
*10/18 東条英機内閣成立
*12/8 海軍による真珠湾攻撃。太平洋戦争開戦
*「そうだその意気」霧島昇、松原操「めんこい仔馬」二葉あき子
*「次郎物語」下村湖人

昭和17年(1942年)

*6/5 ミッドウェー海戦
* 学徒動員が始まる
*「欲しがりません勝つまでは」
*「マレー戦記」陸軍省監修の映画、観客600万人が入ったと言われている
*「空の神兵」「新雪」
*「姿三四郎」富田常雄

昭和18年(1943年)

*4/18 ブーゲンビル島上空にて、山本五十六戦死
*7/1 東京で都制実施。東京都が誕生
*「姿三四郎」「無法松の一生」
*「同期の桜」「若鷲の歌」「夜来香」「勘太郎月夜唄」

●ものの値段●
上野動物園入園料……大人50銭 子供30銭
入浴料……………90銭
新聞購読料………8円
映画館入場料……4円50銭
理髪料金…………3円
山手線初乗り運賃……20銭
食パン(一斤)……1円20銭
バター(225グラム)……32円80銭

1944年~1953年

昭和19年(1944年)

* 3/6 全国の新聞、夕刊を廃止
* 4/1 国鉄、旅行制限の強化。証明書の発行、特急、寝台車、食堂車の廃止などを実施
* 4/1 6大都市の国民学校で学校給食開始
* 都市部の集団疎開開始
* 宝塚歌劇団最終公演でファンが殺到
* 「ラウバル小唄」「勝利の日まで」

昭和20年(1945年)

* 3/9 東京大空襲 死傷者十数万人
* 8/6 「B29」広島に原爆投下 9日に長崎へ原爆投下
* 8/15 天皇詔勅放送 終戦
* 8/30 連合国軍最高司令官総司令部(GHQ)総司令官、マッカーサー元帥厚木到着
* 「日米会話手帳」360万部のベストセラーとなる
* 「お山の杉の子」

昭和21年(1946年)

* 1/19 NHKラジオ「のど自慢素人音楽会」放送開始
* 4/22 長谷川町子、『夕刊フクニチ』にて「サザエさん」連載開始
* 7/1 NHKラジオにて「尋ね人」放送開始
* 東宝、ニューフェイス第1回募集4000人以上応募
* 「リンゴの歌」「悲しき竹笛」「東京の花売娘」
* 「細雪」谷崎潤一郎「完全なる結婚」バン・デ・ベルデ「凱旋門」レマルク

昭和22年(1947年)

* 3/15 東京で22区制実施
* 5/3 日本国憲法施行
* 昭和最高のベビーブーム
* 「鐘の鳴る丘」「二十の扉」「銀嶺の果て」
* 「東京ブギウギ」「夜霧のブルース」「港が見える丘」「星の流れに」
* 「青い山脈」石坂洋次郎

昭和23年(1948年)

* 6/13 太宰治、山崎富栄と玉川上水で入水自殺
* 10/1 警視庁と大阪府警で「110番」設置
* 日大古橋広之進1500m自由形で世界新
* 美空ひばり横浜国際劇場でデビュー
* 「酔いどれ天使」「王将」
* 「フランチェスカの鐘」「異国の丘」「憧れのハワイ航路」「湯の町エレジー」
* 「人間失格」太宰治、「ビルマの竪琴」竹山道雄

126

1944年~1953年

昭和24年(1949年)

* 1/15 初の成人の日実施
* 3/31 東京消防署、火災専用「119番」設置
* 11/3 湯川秀樹 ノーベル賞受賞決定
* 芥川賞、直木賞復活
* 「筋金入り」「つるしあげ」「駅弁大学」「あじゃぱー」「ワンマン」「ノルマ」
* 「銀座カンカン娘」「青い山脈」「悲しき口笛」
* 「きけわだつみのこえ」「仮面の告白」三島由紀夫

昭和25年(1950年)

* 1/7 初の千円札発行、肖像は聖徳太子
* 12/7 池田蔵相、「貧乏人は麦を食え」と発言し問題
* 「おおミステイク」「とんでもハップン」「アメション」
* 「また逢う日まで」「羅生門」「白雪姫(最初のディズニー長編漫画映画)」「赤い靴」「自転車泥棒」
* 「夜来香」「白い花の咲く頃」「東京キッド」「越後獅子の唄」

昭和26年(1951年)

* 1/3 NHK「紅白歌合戦」放送
* 3/20 コロムビア、初のLPレコードを発売
* 4/19 第55回ボストンマラソン、日本人初参加の田中茂樹優勝
* 9/8 サンフランシスコ講和条約調印
* 9/10 『羅生門』がベネチア映画祭で初のグランプリ
* 「トンコ節」「上海帰りのリル」「野球小僧」
* 「少年期」波多野勤子「ものの見方について」笠信太郎

昭和27年(1952年)

* 4/10 NHKラジオドラマ「君の名は」放送開始
* 5/19 白井義男ボクシングフライ級世界王者
* 「ヤンキーゴーホーム」「さかくらげ」「青線」
* 「生きる」「風と共に去りぬ」「第三の男」「河」
* 「テネシーワルツ」「リンゴ追分」「ああモンテンルンパの夜は更けて」「芸者ワルツ」
* 「二十四の瞳」壺井栄、「アンネの日記 光ほのかに」フランク

昭和28年(1953年)

* 2/1 NHK 東京地区でテレビ本放送開始
* 6/- 東京駅に赤色公衆電話が登場
* 7/16 伊東絹子ミスユニバースコンテスト3位入賞
* 12/23 日本初のスーパーマーケット「紀ノ国屋」開店
* 「八頭身」「サンズイ(汚職の意味)」「サイザンス」
* 「君の名は」「シェーン」「終着駅」「禁じられた遊び」
* 「雪の降るまちを」「君の名は」
* 「徳川家康」山岡荘八「星の王子さま」テグジュペリ

1954年~1963年

昭和29年（1954年）
* 2/1 マリリン・モンロー 夫ディマジオとともに来日
* 4/1「地獄門」カンヌ映画祭で初グランプリ
* 洗濯機、冷蔵庫、掃除機が「三種の神器」と呼ばれる
*「七人の侍」「里見八犬伝」「二十四の瞳」「ゴジラ」「地獄の門」「グレン・ミラー物語」「ローマの休日」「ダンボ」「波止場」
*「高原列車は行く」「愛の賛歌」「お富さん」
*「女性に関する12章」伊藤整

昭和30年（1955年）
* 5/2 岩波書店より『広辞苑』初版発行
* 7/9 東京・後楽園ゆうえんち開園 初のジェットコースター登場
* クレージーキャッツ結成
*「浮雲」「喝采」「エデンの東」「ユリシーズ」
*「この世の花」「月がとっても青いから」
*「太陽の季節」石原慎太郎

昭和31年（1956年）
* 2/19 新潮社、初の出版社系週刊誌『週刊新潮』創刊
* 5/17 日活映画『太陽の季節』で石原裕次郎デビュー
* 美空ひばりショーに群集殺到、死者が出る
*「鉄腕アトム」「赤銅鈴之介」など漫画が人気。
*「もはや戦後ではない」「戦中派」「太陽族」
*「チロリン村とくるみの木」「太陽の季節」
*「ここに幸あり」「哀愁列車」「リンゴ村から」
*「人間の条件」五味川純平、「金閣寺」三島由紀夫

昭和32年（1957年）
8/- 東京・高円寺に阿波踊り登場。以降毎年開催
12/7 立教大学の長嶋茂雄、巨人軍入団
* CMソング流行（クシャミ3回ルル3錠）「よろめき」「ストレス」「私だけが知っている」「名犬ラッシー」「俺は待ってるぜ」「蜘蛛巣城」「道」
*「バナナボート」「チャンチキおけさ」「有楽町で逢いましょう」
*「おはん」宇野千代、「氷壁」井上靖

昭和33年（1958年）
* 10/4 早稲田実業高校の王貞治、巨人軍入団
* 12/23 東京・港区に「東京タワー」完成
* フラフープ大流行 ウエスタンカーニバル大人気 ミッチーブーム 「イカす」「シビれる」「団地族」
*「バス通り裏」「事件記者」「光子の窓」「月光仮面」「駅前旅館」「張込み」「鉄道員」「ぼくの伯父さん」「老人と海」「大いなる西部」「十戒」「鍵」
*「おーい中村君」「からたち日記」

128

1954年~1963年

昭和34年(1959年)
*4/10 皇太子、正田美智子と結婚
*マイカーブーム 「カミナリ族」「岩戸景気」「神風タクシー」
*「ローハイド」「番頭はんと丁稚どん」「ギターを持った渡り鳥」「灰とダイヤモンド」
*「黒い花びら」第1回レコード大賞(以降はレコ大)「南国土佐を後にして」「東京ナイトクラブ」
*講談社『少年マガジン』創刊

昭和35年(1960年)
*4/- タカラより「ダッコちゃん」発売
*8/10 森永製菓、インスタントコーヒーを発売
*「カステラ1番、電話は2番」「黒い画集」「青春残酷物語」「太陽がいっぱい」「黒いオルフェ」「サイコ」「おとうと」「ベンハー」
*「誰よりも君を愛す(レコ大)」「アカシアの雨がやむ時」「有り難や節」「月の法善寺横丁」
*「どくとるマンボウ航海記」北杜夫

昭和36年(1961年)
*4/12 宇宙船ボストーク1号打ち上げ、ガガーリン「地球は青かった」の言葉が話題になる
*10/2 大鵬、柏戸横綱昇進。柏鵬時代
*「プライバシー」「不快指数」
*「夢で逢いましょう」「七人の刑事」「シャボン玉ホリデー」「若い季節」「用心棒」
*「君恋し(レコ大)」「上を向いて歩こう」「スーダラ節」

昭和37年(1962年)
*8/12 堀江謙一ヨット「マーメイド号」で太平洋横断
*「人づくり」「無責任時代」「ハイそれまでよ」「青田買い」「総会屋」
*「ベン・ケーシー」「てなもんや三度笠」「キューポラのある街」「101匹わんちゃん大行進」
*「いつでも夢を(レコ大)」「可愛いベイビー」「遠くへ行きたい」「下町の太陽」
*「砂の器」松本清張、「黒の試走車」梶山季之

昭和38年(1963年)
*1/1 フジTV、国産アニメ第1号「鉄腕アトム」放送
*5/12 坂本九の「スキヤキ」アメリカで100万枚突破
*「バカンス」「番長」「ハッスル」「カワイコちゃん」「三ちゃん農業」「ガチャボ」
*「天国と地獄」「007は殺しの番号」「大脱走」
*「こんにちは赤ちゃん(レコ大)」「高校三年生」「東京五輪音頭」
*「竜馬がゆく」司馬遼太郎

129

1964年~1973年

昭和39年(1964年)
* 4/6 NHK、「ひょっこりひょうたん島」放送開始
* 10/1 東海道新幹線開通・10/10 東京オリンピック
* オリンピック女子バレー決勝のテレビ視聴率空前の66％
* 「東洋の魔女」「ウルトラC」
* 「七人の孫」「題名のない音楽会」「マイ・フェア・レディ」「アンコ椿は恋の花」「涙を抱いた渡り鳥」
* マガジンハウス「平凡パンチ」創刊

昭和40年(1965年)
* 10/21 野村克也がプロ野球初の打撃三冠王取得
* 共稼ぎによる「かぎっ子」増加 エレキギターブーム
* 「シェー」
* 「11PM」「オバケのQ太郎」「サザエさん」「赤ひげ」
* 「東京オリンピック」
* 「柔(レコ大)」「愛して愛して愛しちゃったのよ」「函館の女」「涙の連絡船」

昭和41年(1966年)
* 5/30 『少年マガジン』で「巨人の星」連載開始
* 6/29 「ザ・ビートルズ」来日。日本武道館で公演
* 「びっくりしたなー、もう」
* 「おはなはん」「サンダーバード」「笑点」「ウルトラマン」「若者たち」「白い巨塔」「ヤング720」「氷点」
* 「霧氷(レコ大)」「星影のワルツ」「君といつまでも」「骨まで愛して」「夢は夜ひらく」「バラが咲いた」「こまっちゃうナ」「星のフラメンコ」

昭和42年(1967年)
* 7/14 タカラより「リカちゃん人形」発売
* 10/18 ツィッギー来日 ミニスカートが流行
* 「ボイン」「おかあさーん」「イエイエ」
* 「旅路」「スパイ大作戦」「コメットさん」「上意討ち」「日本の一番長い日」「夕陽のガンマン」
* 「ブルー・シャトウ(レコ大)」「小指の思い出」「帰ってきたヨッパライ」「世界は二人のために」
* 「頭の体操」多古輝、「まぼろしの邪馬台国」宮崎康平

昭和43年(1968年)
* 1/1 『少年マガジン』で「あしたのジョー」連載開始
* 12/10 3億円事件
* 「昭和元禄」「サイケデリック」「とめてくれるなおっかさん」「わんぱくでもいい」
* 「巨人の星」「肝っ玉かあさん」「黒部の太陽」「卒業」「2001年宇宙の旅」「猿の惑星」
* 「天使の誘惑(レコ大)」「ブルー・ライト・ヨコハマ」「受験生ブルース」「恋の季節」「花の首飾り」

昭和44年(1969年)

* 7/20 アポロ11号、人を乗せ初の月面着陸に成功
* 8/27『男はつらいよ』シリーズ第一作封切り
* 「あっと驚くタメゴロー」「ニャロメ」「やったぜベイビー」「オー、モーレツ」
* 「8時だョ！全員集合」「ムーミン」「水戸黄門」「サインはV」「サザエさん」「心中天網島」
* 「いいじゃないの幸せならば(レコ大)」「黒猫のタンゴ」「港町ブルース」

昭和45年(1970年)

* 3/14 大阪・千里丘陵で日本万国博覧会開幕
* 11/25 三島由紀夫、市ヶ谷自衛隊に乱入し割腹自殺
* 「ハイジャック」「ウーマンリブ」
* 『anan』『nonno』創刊
* 「時間ですよ」「細うで繁盛記」「大江戸捜査網」
* 「今日でお別れ(レコ大)」「笑って許して」「走れコータロー」「知床旅情」「傷だらけの人生」
* 「日本人とユダヤ人」イザヤベンダサン

昭和46年(1971年)

* 7/20 銀座三越一階にマクドナルド1号店オープン
* 9/16 日清食品「カップヌードル」発売
* Tシャツとジーパンが流行「脱サラ」「ニアミス」「ガンバラなくっちゃ」
* 「春の坂道」「おれは男だ！」「ある愛の詩」
* 「また逢う日まで(レコ大)」「よこはま・たそがれ」「わたしの城下町」「おふくろさん」「さらば恋人」「水色の恋」「純子」「雨の御堂筋」

昭和47年(1972年)

* 2/19 浅間山荘事件
* 5/15 沖縄県が施政権返還され、日本に復帰
* 11/5 東京・上野動物園パンダが初公開
* 「恥ずかしながら」「三角大福」「日本列島改造」
* 「木枯し紋次郎」「太陽にほえろ」「中学生日記」「忍ぶ川」「ゴッドファーザー」
* 「喝采(レコ大)」「結婚しようよ」「学生街の喫茶店」「男の子女の子」「瀬戸の花嫁」「女のみち」

昭和48年(1973年)

* 8/1 鉄道弘済会の駅の売店が「キオスク」と命名
* 「省エネ」「ちょっとだけよ」「狭い日本、そんなに急いでどこへ行く」
* 「刑事コロンボ」「子連れ狼」「仁義なき戦い」「ポセイドン・アドベンチャー」
* 「夜空(レコ大)」「危険なふたり」「神田川」「あなた」「なみだの操」「日本沈没」「華麗なる一族」「ノストラダムスの大予言」

1974年~1983年

昭和49年(1974年)
* 3/7 ユリ・ゲラー来日。超能力ブーム巻き起こす
* 4/19「モナ・リザ」東京国立博物館で日本初公開
* 5/15 東京都江東区にセブンイレブン1号店オープン
* 8/29 東京・宝塚大劇場で『ベルサイユのばら』初演
* 10/14 巨人長島茂雄現役引退
* 「便乗値上げ」「青天のヘキレキ」「ゼロ成長」「超能力」
* 「宇宙戦艦ヤマト」「寺内貫太郎一家」「砂の器」
* 「襟裳岬(レコ大)」「昭和枯れすすき」

昭和50年(1975年)
* 3/10 国鉄、山陽新幹線岡山~博多間開業
* 5/7 イギリス女王・エリザベス二世が来日
* 「欽ちゃんドンとやってみよう」「前略おふくろ様」
* 「タワーリング・インフェルノ」「ジョーズ」
* 「シクラメンのかほり(レコ大)」「心のこり」「ロマンス」「およげ！たいやきくん」「港のヨーコ・ヨコハマ・ヨコスカ」
* 「火宅の人」壇一雄

昭和51年(1976年)
* 1/31 鹿児島市で日本初の五つ子誕生
* 12/- 愛国駅発行幸福行き切符が大ブーム
* 大和運輸日本初の「宅急便」を開始
* 「記憶にございません」
* 「ドカベン」「クイズダービー」「徹子の部屋」「犬神家の一族」「愛のコリーダ」
* 「北の宿から(レコ大)」「春一番」「ペッパー警部」
* 「モモ」エンデ、「ゲド戦記」ル＝グウィン

昭和52年(1977年)
* 9/3 王貞治ホームラン世界記録
* ピンクレディーが人気、まねをする子供が増加。
* 「魚ころがし」「翔んでる」「よっしゃよっしゃ」「普通の女の子に戻りたい」「トンデレラ、シンデレラ」
* 「男たちの旅路」「ルーツ」「宇宙戦艦ヤマト」「幸福の黄色いハンカチ」「ロッキー」
* 「勝手にしやがれ(レコ大)」「ウォンテッド」「津軽海峡・冬景色」「昔の名前で出ています」

昭和53年(1978年)
* 4/4 人気アイドルグループ・キャンディーズ引退
* 「サラ金」「ナンチャッテ」「アーウー」「不確実性の時代」「嫌煙権」「減量経営」
* 「24時間テレビ・愛は地球を救う」「野生の証明」「未知との遭遇」「スター・ウォーズ」「サタデー・ナイト・フィーバー」
* 「UFO(レコ大)」「サウスポー」「モンスター」「夢追い酒」「プレイバック・パート2」「ガンダーラ」「与作」

1974年~1983年

昭和54年(1979年)

* 7/1 ソニーより「ウォークマン」発売
* 「ウサギ小屋」「ワンパターン」「夕暮れ族」「天中殺」「ナウい」「ダサイ」「エガワる」「地方の時代」
* 「マー姉ちゃん」「3年B組金八先生」「復讐するは我にあり」「銀河鉄道999」
* 「魅せられて(レコ大)」「ヤングマン」「おもいで酒」「燃えろいい女」「舟唄」「贈る言葉」「おやじの海」「関白宣言」

昭和55年(1980年)

* 10/5 歌手・山口百恵最終公演 芸能界を引退
* 11/4 巨人軍の王貞治、現役を引退
* 漫才ブーム ルービックキューブ「カラスの勝手でしょ」「ピカピカの一年生」「赤信号みんなで渡ればこわくない」
* 「なっちゃんの写真館」「地獄の黙示録」「シルクロード」「クレイマー、クレイマー」
* 「雨の慕情(レコ大)」「風は秋色」「昴」

昭和56年(1981年)

* 4/22 インドの修道女、マザー・テレサ来日
* ガンダムなどのキャラクター玩具が流行
* 「ハチの一刺し」「なめんなよ(なめ猫)」「ぶりっ子」
* 「夢千代日記」「オレたちひょうきん族」「北の国から」「機動戦士ガンダム」「セーラー服と機関銃」
* 「ルビーの指輪(レコ大)」「恋人よ」「奥飛騨慕情」
* 「窓際のトットちゃん」黒柳徹子、「なんとなく、クリスタル」田中康夫

昭和57年(1982年)

* 10/1 ソニー、CDプレーヤー発売
* 「んちゃ、バイちゃ」「ルンルン」「ネクラ」「ネアカ」「ほとんどビョーキ」「風見鶏」「裏本」「女帝」
* 「ハイカラさん」「笑っていいとも」「鬼龍院花子の生涯」「愛と青春の旅だち」「E.T.」
* 「北酒場(レコ大)」「聖母のララバイ」「待つわ」「セーラー服と機関銃」
* 「プロ野球を10倍楽しく見る方法」江本孟紀

昭和58年(1983年)

* 4/15 千葉県浦安市に東京ディズニーランド開園
* 7/15 任天堂「ファミリーコンピュータ」発売
* 「フォーカス現象」
* 「おしん」「積木くずし」「スチュワーデス物語」「細雪」「時代屋の女房」「戦場のメリークリスマス」
* 「矢切の渡し(レコ大)」「さざんかの宿」「めだかの兄弟」「キャッツ・アイ」「天国のキッス」
* 「佐川君からの手紙」唐十郎

133

昭和59年(1984年)

* 5/- マルマンより「禁煙パイポ」発売
* 「週刊少年ジャンプ」400万部越え「FRIDAY」創刊
* 「普通のおばさんになります」「ピーターパン症候群」
* 「エリマキトカゲ」「私はこれで会社を辞めました」
* 「宮本武蔵」「北斗の拳」「Wの悲劇」「お葬式」「風の谷のナウシカ」「ゴーストバスターズ」
* 「長良川艶歌(レコ大)」「北の蛍」「北のウイング」「十戒」「ワインレッドの心」「涙のリクエスト」

昭和60年(1985年)

* 6/8 大鳴門橋開通
* ファミコンソフト「スーパーマリオブラザーズ」発売
* 「ダッチロール」「やらせ」「金妻」「土日社員」「ざんげ」
* 「夕焼けニャンニャン」「天才・たけしの元気が出るテレビ」「ビルマの竪琴」「乱」「ターミネーター」「ネバーエンディング・ストーリー」「銀河鉄道の夜」
* 「ミ・アモーレ(レコ大)」「俺ぁ東京さいぐだ」「セーラー服を脱がさないで」

昭和61年(1986年)

* 4/- ハレー彗星が76年ぶりに地球に接近
* 「究極」「激辛」「新人類」「レトロ」「亭主元気で留守がいい」
* 「ニュースステーション」「テレビ探偵団」「パパはニュースキャスター」「ドラゴンボール」「仔猫物語」「火宅の人」「天空の城ラピュタ」「バック・トゥ・ザ・フューチャー」「コーラスライン」
* 「DESIRE(レコ大)」「熱き心に」

昭和62年(1987年)

* 4/1 国鉄が民営化し、JRが発足
* 7/17 俳優の石原裕次郎、肝臓がんで死亡
* 「地上げ屋」「ゴクミ」「ウォークマンを聴くサル」「独眼竜政宗」「ねるとん紅鯨団」「マルサの女」「ハチ公物語」「スタンド・バイ・ミー」
* 「愚か者(レコ大)」「スターライト」「50/50」「人生いろいろ」「サマードリーム」「命くれない」
* 「サラダ記念日」俵万智

昭和63年(1988年)

* 12/30 消費税法成立。平成元年4月1日より税率3%
* 「ドラドンクエストⅢ」「今宵はここまでにいたしとうございまする」「くう・ねる・あそぶ」「オバタリアン」
* 「教師びんびん物語」「となりのトトロ」「ラストエンペラー」「はぐれ刑事純情派」「マリリンに逢いたい」
* 「パラダイス銀河(レコ大)」「乾杯」「TATTOO」「ふたり」

昭和64年、平成元年(1989年)

* 1/8 新元号が平成となる
* 6/24 歌の女王美空ひばり死去(7/6に国民栄誉賞)
* 11/11 ベルリンの壁崩壊
* 「ペレストロイカ」「フリーター」「デューダする」「セクハラ」
* 「春日局」「魔女の宅急便」「赤毛のアン」
* 「淋しい熱帯魚(レコ大)」「川の流れのように」「酒よ」「クリスマス・イヴ」「Diamonds」

平成2年(1990年)

* 10/3 東西ドイツが国家統一
* 「バブル崩壊」「3K」「ファジィ」「オタッキー」「もっとはじっこ歩きなさいよ」「症候群」
* 「凛々と」「浮浪雲」「ちびまる子ちゃん」「渡る世間は鬼ばかり」「天と地と」「夢」
* 「恋唄綴り・おどるポンポコリン(レコ大)」「さよなら人類」
* 「NOと言える日本」森田昭夫・石原慎太郎

平成3年(1991年)

* 6/3 200年ぶり噴火、雲仙普賢岳
* 公立校で土曜休校制。「チャネリング」「きんは100歳、ぎんも100歳」
* 「東京ラブストーリー」「101回目のプロポーズ」「たけし・逸見の平成教育委員会」「無能の人」「ダンス・ウィズ・ウルブス」「羊たちの沈黙」
* 「北の大地・愛は勝つ(レコ大)」「ラブストーリーは突然に」「SAY YES」

平成4年(1992年)

* 7/1 山形新幹線「つばさ」開業
* 9/12 毛利衛、スペースシャトルで宇宙飛行
* 「カルト」「牛歩戦術」「反省だけならサルでもできる」
* 「ひらり」「TVチャンピオン」「美少女戦士セーラームーン」「シコふんじゃった」「橋のない川」
* 「白い海峡・君がいるだけで(レコ大)」「悲しみは雪のように」「世界中の誰よりきっと」

平成5年(1993年)

* 「矢ガモ」「オーレオレ」「コギャル」「ゼネコン汚職」「ジュリアナ」「規制緩和」「FA」「清貧」
* 「ええにょぼ」「ウゴウゴルーガ」「炎立つ」「料理の鉄人」「月はどっちに出ている」「ジュラシック・パーク」
* 「無言坂(レコ大)」「YHA YHA YHA」「影法師」「ぼくたちの失敗」「島唄」「負けないで」
* 「清貧の思想」中野孝次、「磯野家の謎」

1984年~1993年

1994年~2003年

平成6年(1994年)

* 2/4 初の国産大型ロケットH2・1号機、打上げ成功
* 「価格破壊」「イチロー」「超のつく時代」「風水」「就職氷河期」「ヤンママ」「大往生」
* 「恋のから騒ぎ」「開運！なんでも探偵団」「進め！電波少年」「居酒屋ゆうれい」「シンドラーのリスト」
* innocent worid(レコ大)」「夜桜お七」「恋しさとせつなさと心強さと」「空と君のあいだに」
* 「大往生」永六輔

平成7年(1995年)

* 1/17 阪神淡路大震災起こる
* 「ウインドウズ95」発売
* 「ボランティア」「マインド・コントロール」「ポア」「ライフライン」「官官接待」「変わらなきゃ」
* 「春よ、来い」「王様のレストラン」「王妃マルゴ」
* 「Overnight Sensation(レコ大)」「ズルイ女」「ロビンソン」「LOVE LOVE LOVE」「TOMORROW」
* 「脳内革命」春山茂雄

平成8年(1996年)

* 7/13 大腸菌O-157による集団食中毒・6000人以上
* 3大テノール来日、最高75,000円のチケット完売
* 「アムラー」「チョベリバ」「援助交際」「メークドラマ」「ストーカー」「インターネット」「プリクラ」
* 「ふたりっこ」「ロングバケーション」「SMAP×SMAP」「新世紀エヴァンゲリオン」「Shall we ダンス？」
* 「Don't wanna cry(レコ大)」「アジアの純真」
* 「失楽園」渡辺淳一

平成9年(1997年)

* 2/23 イギリスでクローン羊「ドリー」誕生
* 8/31 ダイアナ元英国皇太子妃、パリで交通事故死
* 「ベル友」「たまごっち」「ガーデニング」「貸し渋り」
* 「あぐり」「ビーチボーイズ」「うなぎ」「もののけ姫」「タイタニック」
* 「CAN YOU CELEBRATE？(レコ大)」「硝子の少年」「HOWEVER」
* 「鉄道員(ぽっぽや)」浅田次郎

平成10年(1998年)

* 9/6 黒澤明、死去
* 「キレる」「だっちゅーの」「ハマの大魔人」「環境ホルモン」「老人力」「モラル・ハザード」「学級崩壊」
* 「ショムニ」「徳川慶喜」「天うらら」「HANA-BI」「踊る大捜査線」「プライベート・ライアン」
* 「wanna Be A Dreammaker(レコ大)」「長い間」「夜空ノムコウ」「全部だきしめて」「my graduation」
* 「ダディ」郷ひろみ、「大河の一滴」五木寛之

平成11年(1999年)

* 1/1 欧州連合(EU)で単一通貨「ユーロ」が導入
* サッチー、ミッチー騒動。宇多田ヒカル「First Love」が700万枚
* 「ブッチホン」「リベンジ」「カリスマ」「ミレニアム」
* 「Winter again(レコ大)」「Loveマシーン」「だんご3兄弟」
* 「すずらん」「あすか」「魔女の条件」「リング」「鉄道員(ぽっぽや)」「アルマゲドン」「マトリックス」
* 「五体不満足」乙武洋匡

平成12年(2000年)

* 7/8 三宅島・雄山噴火
* 「17歳」「IT革命」「パラサイト・シングル」「ひきこもり」「おっはー」
* 「私の青空」「オードリー」「御法度」「雨あがる」「ナビィの恋」「バトル・ロワイヤル」
* 「TSUNAMI(レコ大)」「SEASONS」「Everything」「桜坂」「あなたのキスを数えましょう」「孫」
* 「だから、あなたも生きぬいて」大平光代

平成13年(2001年)

* 4/26 小泉純一郎・内閣総理大臣に就任
* 9/11 アメリカ・同時多発テロ発生
* 「米百俵」「ワイドショー内閣」「感動した!」「狂牛病」「明日があるさ」
* 「プロジェクトX」「HERO」「ちゅらさん」「千と千尋の神隠し」「陰陽師」「ハリー・ポッターと賢者の石」
* 「Dearest(レコ大)」「大井追っかけ音次郎」「明日があるさ」「白い恋人達」「春が来た」

平成14年(2002年)

* 4/1 学習指導要領見直しによるゆとり教育始まる
* 「愛子さま」「タマちゃん」「ムネオハウス」「ベッカム様」「真珠夫人」「拉致」
* 「利家とまつ」「伊東家の食卓」「たそがれ清兵衛」「模倣犯」「ロード・オブ・ザ・リング」「オーシャンズ11」
* 「Voyage(レコ大)」「涙そうそう」「きよしのズンドコ節」「地上の星」「ワダツミノ木」「大きな古時計」
* 「声に出して読みたい日本語」斉藤孝

平成15年(2003年)

* 「マニフェスト」「なんでだろ〜」「バカの壁」「年収3000万円」「へぇー(トリビアの泉)」
* 「武蔵」「まんてん」「トリビアの泉」「渡る世間は鬼ばかり」「踊る大捜査線」「座頭市」「黄泉がえり」「阿修羅のごとく」「戦場のピアニスト」
* 「No Way to say(レコ大)」「白雲の城」「もらい泣き」「雪の華」「鳥取砂丘」「世界に一つだけの花」
* 「世界の中心で、愛をさけぶ」片山恭一

2004年~2013年

平成16年(2004年)

* 10/23 新潟中越地震
* 「チョー気持ちいい」「マツケンサンバ」「…って言うじゃない」「韓流」「ヨン様」
* 「新撰組」「冬のソナタ」「白い巨塔」「世界の中心で、愛をさけぶ」「いま会いにゆきます」「半落ち」「ラストサムライ」
* 「桜」「マツケンサンバⅡ」「雪椿」「番場の忠太郎」「瞳をとじて」「さくらんぼ」
* 「蹴りたい背中」綿矢りさ

平成17年(2005年)

* 3/25 愛知万博(愛・地球博)開幕
* 「想定内・想定外」「悪質リフォーム」「耐震強度偽装」「ちょいワルおやじ」「刺客」「造反議員」「小泉チルドレン」「フォー！」
* 「熟年離婚」「義経」「電車男」「ハウルの動く城」「ALWAYS 三丁目の夕日」「北の零年」「東京タワー」
* 「さくら」「青春アミーゴ」「越後絶唱」「面影の都」
* 「さおだけ屋はなぜ潰れないのか？」山田真哉

平成18年(2006年)

* 1/23 日本郵政株式会社発足
* 「イナバウアー」「品格」「格差社会」「ハンカチ王子」「メタボ」
* 「功名が辻」「西遊記」「純情きらら」「Dr.コトー診療所」「THE有頂天ホテル」「ゲド戦記」「男たちの大和」「ダ・ヴィンチ・コード」「ナルニア国物語」
* 「Real Face」「純愛歌」「SIGNAL」「抱いてセニョリータ」
* 「国家の品格」藤原正彦

平成19年(2007年)

* 1/11 不二家、期限切れ牛乳使用発覚
* 1/21 宮崎県知事選、東国原英夫当選
* 「どげんかせんといかん」「ハニカミ王子」「消えた年金」「鈍感力」「食品偽装」
* 「華麗なる一族」「ガリレオ」「ALWAYS続・三丁目の夕日」「武士の一分」
* 「おしりかじり虫」「千の風になって」「吾亦紅」
* 「女性の品格」板東眞理子

平成20年(2008年)

* 6/14 岩手・宮城内陸地震。マグニチュード7.2
* 9/24 麻生太郎自民党総裁が第92代首相に選出され、麻生内閣が発足
* 北京オリンピック開催。日本計25個のメダル獲得
* 「ゲリラ豪雨」「あなたとは違うんですっ！」「ガソリン税」…
* 「篤姫」「崖の上のポニョ」「母べえ」…

138

平成21年(2009年)

平成22年(2010年)

平成23年(2011年)

平成24年(2012年)

平成25年(2013年)

この最後のページはあなたの自由に出来るよう、一切の枠や罫線を取り外しました。
この本の最後はあなたの手で、華やかに締めくくりましょう!

この本を作るにあたり、下記の出版物を参考とさせていただきました。厚く御礼申し上げます。
* 「なるほど楽しいインターネット」富士通エフオーエム著 FOM出版
* 「超入門ゼロからはじめるインターネット」深沢久夫著 成美堂出版
* 「50才からのインターネット」大人のためのネット研究会著 アルファポリス
* 「やさしいインターネット＆メール」稲村暢子著 トップスタジオ
* 「脳を鍛える!自分史ドリル」児玉光雄監修 アスコム
* 「人生整理帳」瀬間信子著 河出書房新社
* 「意外に知らない昭和史」歴史雑学探偵団編 東京書店

●野原 すみれ●

東京都生まれ。横浜市在住。
実母・義母の介護を15年間体験。1998年、体験を元に「老親介護は今よりずっとラクになる」(情報センター出版局)を出版。「がんばらない介護」を提唱。自分たちの老後を考える「高齢化社会をよくする虹の仲間」を1983年に立ちあげ、以来運営委員長。国連婦人年最終年ナイロビ会議に横浜市代表で参加。東神奈川高齢者ショートスティセンター「若草」の施設長を7年務め、2006年退職。現在は横浜市介護保険認定審査会委員、社会福祉法人「緑成会」特別参与のかたわら、執筆、講演で多忙を極めている。主な著書に「今日もしっかりモメてます～母をめぐる看護奮戦記」(汐文社)、「正々堂々がんばらない介護」(海と月社)、「介護がラクになる魔法の言葉」(大誠社)、「女性のための老後を生きぬく110の知恵」(北辰堂出版)ほか。

老いじたく死にじたく
安心ノート

2008年11月10日初版発行
2009年1月20日2版発行
著者/野原すみれ
発行者/小出千春
発行所/北辰堂出版株式会社
〒162-0801/東京都新宿区山吹町364 SYビル
TEL:03-3269-8131 FAX:03-3269-8140
http://www.hokushindo.com/
印刷製本/株式会社誠晃印刷

© 2008 Nohara Sumire Printed in Japan
定価はカバーに表記してあります。
ISBN 978-4-904086-84-1 C0036

全国の書店でお求め下さい。絶賛発売中!!

吉田茂 麻生太郎の原点
塩澤 実信

戦争回避に命を賭した外交官時代、そして戦後は総理としてその胆力と見識で、祖国日本を見事に復興させた男の堂々たる人生!
定価1890円(税込)

女性のための老後を生きぬく110の知恵
野原すみれ

「やがてひとり」のあなたの、生きがい・病気・介護・お金から死にじたくまでさまざまな不安を見事に解消すると話題のエッセイ
定価1365円(税込)

美空ひばりふたたび
新井恵美子

いまだに私たちの心の中に生き続けている美空ひばり。事実をたんねんに検証しながらの戦後最大のスターの実像にせまる!
定価1890円(税込)

女性の再就職力
坂巻美和子

就職戦線「冬」の時代だからこそ再就職のノウハウを身につけるチャンス! 現役ハローワークマンからの役立つアドバイスも収録
定価1260円(税込)

自殺作家文壇史
植田 康夫

壮絶に散った三島由紀夫はじめ、太宰治、川端康成、芥川龍之介、火野葦平など自裁した文豪達の死の真相を描く異色ドキュメンタリー 定価2415円(税込)

北辰堂出版 〒162-0801 東京都新宿区山吹町364 SYビル
TEL 03-3269-8131 FAX 03-3269-8140